Collection « Points de Vue »

BRUNO SARRASIN

AJUSTEMENT STRUCTUREL ET LUTTE CONTRE LA PAUVRETÉ EN AFRIQUE

La Banque mondiale face à la critique

Éditions L'Harmattan
5-7 rue de l'École-Polytechnique
75005 Paris France

L'Harmattan INC
55, rue Saint-Jacques
Montréal (Qc) – Canada
H2Y 1K9

Remerciements

L'auteur remercie Nicolas Sarrasin pour la révision linguistique et ses précieux commentaires.

Photographie de la couverture : Jean-Philippe Saucet
Maquette de la couverture : Josée Deslauriers

Certains éléments de ce texte ont fait l'objet d'une publication en 1997 dans la Revue Canadienne des Études Africaines.

ISBN : 2-7384-6239-1

« Développer,
c'est mettre l'homme debout. »

Dom Helder Camara

TABLE DES MATIÈRES

II- Les coûts sociaux : de la critique externe de l'ajustement à la critique du modèle de développement

III-Les réponses de la Banque mondiale à la critique : mirage ou réalité ?

INTRODUCTION

L'ajustement structurel n'est plus un phénomène nouveau. Voilà un terme qui fait maintenant partie intégrante du vocabulaire et du quotidien d'une vaste majorité de pays du tiers-monde. Après une des décennies les plus mouvementées du point de vue économique depuis la fin de la Seconde Guerre mondiale, le début des années 1980 s'est vu marqué par une sévère crise économique et financière ayant particulièrement affecté les pays à faible revenu non exportateurs de pétrole qui composent une grande partie de l'Afrique subsaharienne. Cette période a annoncé un tournant important dans la façon d'appréhender le développement et consacre le retour en force d'un modèle économique basé sur la libéralisation des échanges, la prédominance des forces du marché et la redéfinition des interventions de l'État. Cette stratégie néolibérale, dont l'un des principaux objectifs reste le rétablissement de la croissance économique, est à la base des programmes de stabilisation et d'ajustement structurel.

Les premiers visent à rétablir l'équilibre budgétaire et extérieur en s'inscrivant dans le court terme et les programmes d'ajustement misent sur une réorientation de l'économie à partir de bases néolibérales plus larges. Ces programmes représentent une suite logique des efforts de stabilisation, et leurs effets, économiques et sociaux, s'inscrivent dans le plus long terme. Bien que le Fonds monétaire international (FMI) et la Banque mondiale jouent un rôle complémentaire, particulièrement dans le cadre de l'ajustement, notre attention se portera principalement sur les activités de la Banque mondiale, puisqu'elle est la seule des deux institutions à posséder un mandat explicite de développement.

L'application des mesures d'ajustement au cours des années 1980 et 1990 a conduit à de vives oppositions provenant d'abord des pays concernés, mais aussi de certaines organisations onusiennes comme le Fonds des Nations unies pour l'enfance (UNICEF) ou le Bureau international du travail, qui sont d'ailleurs considérées par la Banque elle-même comme représentant le courant critique dominant (World Bank, 1994a). Cette dénonciation des effets négatifs de l'ajustement, que l'on connaît sous le vocable de « coûts sociaux », va rejoindre les fondements mêmes du modèle de développement adopté par la Banque, en relevant particulièrement la contradiction entre l'objectif de lutte contre la pauvreté énoncé par l'institution depuis les années 1960 et les mesures préconisées pour relancer la croissance à partir des années 1980.

La Banque a répondu à ces critiques en « adaptant » ses programmes d'ajustement pour tenir compte davantage de leur impact sur les pauvres. En effet, si la première génération (1981 à 1984) se concentrait principalement sur le rétablissement de l'équilibre macroéconomique, ce n'est qu'avec la seconde génération (1984 à 1986) que la Banque commence à accorder une certaine attention aux dimensions sociales de l'ajustement.

Avec la troisième génération de ses programmes (1987-1997), la Banque propose l'incorporation de la réduction de la pauvreté comme objectif fondamental des efforts d'ajustement, au même titre que la relance de la croissance. La publication en 1997 du *Rapport sur le développement dans le monde* sur le rôle que doit tenir l'État, amorce cependant une nouvelle étape dans la consolidation de la stratégie néolibérale de la Banque mondiale. À un moment où « les lois du marché » servent de légitimité à une exclusion sociale toujours croissante, la fin des années 1990 présente un tournant important dans le renouvellement de la critique du paradigme néolibéral présenté comme seule voie durable de développement. Cette situation est d'autant préoccupante que les « adaptations » de la Banque à son modèle depuis quinze ans sont loin d'avoir répondu aux fondements de la critique.

Les institutions de Bretton Woods ont en quelque sorte réussi, sur l'autel de la mondialisation, à nous faire assimiler leur ajustement comme un fait accompli, une réalité incontournable. Elles prétendent même qu'il est le résultat de quelque consensus. Nous oublions trop souvent que ces stratégies économiques sont des modèles, des constructions découlant d'idéologies qui n'ont rien à voir avec l'objectivité dont elles se réclament. Au-delà du débat sur l'efficacité économique de l'ajustement, des critiques de toutes provenances se sont appliquées, depuis plus de quinze ans, à démontrer jusqu'à quel point ces politiques généraient des effets négatifs sur les conditions de vie des populations concernées, en particulier chez les groupes sociaux les plus démunis. Malgré les importants efforts médiatiques mis de l'avant par le FMI et la Banque mondiale pour « humaniser » l'ajustement depuis 1990, il importe de garder à l'esprit que ces stratégies n'ont pas été créées pour lutter contre la pauvreté. Ces conditions nous obligent à analyser comment et pourquoi la Banque mondiale prétend aujourd'hui pouvoir faire reculer la pauvreté grâce à l'ajustement structurel.

L'objectif de relance de la croissance, inhérent aux programmes d'ajustement, et celui de lutte contre la pauvreté sont deux éléments essentiels à l'analyse et à la compréhension de la logique d'ensemble du modèle de développement que défend la Banque. La démonstration empirique de l'aggravation du niveau de vie dans plusieurs pays en développement à partir des années 1980 (Cornia, Jolly et Stewart, 1987) renvoie à la pertinence des critiques dénonçant les coûts sociaux engagés par les mesures d'ajustement et le fardeau inacceptable que doivent supporter les pauvres dans ces conditions. Nous croyons que les actions et le discours de l'institution concernant les dimensions sociales de l'ajustement visent surtout à répondre aux préoccupations et aux pressions de la critique, sans remettre en cause le modèle sous-jacent.

La démonstration de notre propos s'articulera en quatre étapes. Nous saisirons d'abord les liens qui unissent le modèle de développement de la Banque mondiale à ses programmes d'ajustement structurel (chapitre I). L'importance de la croissance sera ici au premier plan de cette relation. Ensuite, nous examinerons les coûts sociaux dénoncés par la critique externe à la Banque (chapitre II). Cette démarche nous permettra de saisir l'étendue du débat et d'analyser les liens qui unissent et opposent la relance de la croissance à l'objectif de lutte contre la pauvreté. De plus, une synthèse des réponses de la Banque mondiale aux critiques (chapitre III) nous permettra de faire un retour sur le modèle où la croissance économique sur des bases néolibérales et la lutte contre la pauvreté sont perçus comme des objectifs complémentaires. En montrant comment les *a priori* sur lesquels s'appuient les interventions de la Banque n'ont pas changé, la quatrième partie (chapitre IV) visera à démontrer, par l'exemple particulier du *Programme d'actions pour mitiger les coûts sociaux de l'ajustement* (PAMSCAD) du Ghana, que le modèle est resté le même depuis les années 1980. Cette étude de cas montre jusqu'à quel point une conception particulière du rôle de la croissance reste toujours centrale au modèle qui sert de justification aux stratégies employées et à la philosophie actuelle de lutte contre la pauvreté envisagée par l'institution en relançant avec acuité le débat sur les coûts sociaux de l'ajustement.

CHAPITRE I

L'AJUSTEMENT STRUCTUREL COMME MODÈLE DE DÉVELOPPEMENT ?

L'ajustement structurel n'est pas un phénomène de génération spontanée. Il découle de la lente évolution de multiples facteurs sociaux, politiques et économiques. Un bref historique de certains événements importants depuis la Seconde Guerre mondiale permettra de mieux saisir le contexte dans lequel s'inscrit l'émergence de ce concept.

Le libéralisme d'après-guerre et la fin d'un modèle

Robert Gilpin (1987) soutient que les accords de Bretton Woods marquent un changement fondamental des finalités sociales et des objectifs politiques et économiques par rapport aux conditions qui les ont précédés. Si, en effet, la période du *gold exchange standard* et l'idéologie du laissez-faire, qui prévalaient au XIXe siècle, ont subordonné la stabilité domestique aux normes internationales, la période d'entre deux guerres a inversé ces objectifs. Il semble cependant que l'ordre économique d'après-guerre, celui de Bretton Woods, a tenté de conjoindre les deux.

C'est ce que John Gerard Ruggie (1982) nomme le compromis de l'*embedded liberalism.* On pourrait résumer cet ordre économique de la façon suivante : des économies nationales « dirigées » dans une économie internationale « libérée ». Au lendemain de la guerre, les États-Unis, toujours tentés par le protectionnisme, ont en quelque sorte accepté un compromis avec l'Europe (la Grande-Bretagne en particulier), pour qui la sécurité économique était plus que jamais une priorité. Le libéralisme devait alors prévaloir dans le commerce international pour endiguer le communisme, mais aussi pour éviter une nouvelle dépression comme celle de l'entre deux guerres causée par un protectionnisme exacerbé et par un essoufflement des échanges économiques.

Au-delà de la libéralisation des échanges internationaux, l'originalité du compromis d'après-guerre prône, au même moment, des politiques économiques nationales délibérément interventionnistes. Sur le plan international, la création du FMI, de la Banque mondiale, et, un peu plus tard, la signature du GATT *(General Agreement on Tariffs and Trade)* pour « remplacer temporairement » une Charte de la Havane qui n'a jamais vu le jour, a représenté l'institutionnalisation d'un ordre économique international basé sur les principes du libéralisme.

On assiste donc, dès le début, à une certaine contradiction de l'*embedded liberalism*, sur lequel l'économiste anglais John Maynard Keynes a eu une grande influence à cause notamment de l'application parallèle de deux modèles – libéralisme à l'extérieur, et interventionnisme à l'intérieur des États – rendant difficile l'application soutenue des règles de chacun. En effet, Keynes encourageait l'État à intervenir (donc à s'endetter au besoin) dans le but de faire des investissements productifs ou pour soutenir les revenus et la consommation. L'application de l'une ou l'autre de ces politiques visait de toute façon le plein emploi. Il semble cependant que les gouvernements ont appliqué ces deux types de politiques *en même temps*. De plus, cette stratégie expansionniste s'appuyait sur le maintien d'une croissance économique rapide et soutenue, telle qu'elle se présentait d'ailleurs depuis la fin de la Seconde Guerre mondiale et qui « allait maintenant de soi » dans la plupart des pays de l'Organisation de coopération et de développement économiques (OCDE, 1987).

Dès la fin des années 1960 cependant, au moment même où les performances économiques semblent les meilleures, on assiste à l'émergence de certains obstacles qui menacent la pérennité de cette croissance. De façon générale, cette période est marquée, particulièrement en Europe, par l'amorce de changements sociaux (la hausse des salaires par exemple) qui viendront graduellement réduire la marge de profit des entreprises. Sur le plan international, la fin des années 1960 se caractérise par un essoufflement de la croissance des échanges mondiaux qui s'étaient maintenus à un niveau élevé depuis la mise en oeuvre du Plan Marshall et avaient favorisé la consolidation du libéralisme par une interdépendance grandissante entre les États. Ces changements dans les conjonctures économiques internationales ont eu pour principale conséquence l'exacerbation des déséquilibres budgétaires qui menèrent à l'effondrement du système monétaire de Bretton Woods avec la fin de la convertibilité du dollar américain en or à partir de 1971.

Les crises pétrolières à l'origine d'un nouvel ordre économique

La décennie 1970 marque le déclin du compromis de l'*embedded liberalism* tel qu'il se vivait depuis vingt-cinq ans. L'OCDE note d'ailleurs que cette période est marquée par un manque de cohérence entre les politiques macroéconomiques et microéconomiques (Van Lennep, 1984). Sylvie Bélanger précise cette situation :

> [...] des résultats obtenus au niveau des premières [politiques macroéconomiques] risquent d'être compromis si les gouvernements permettent que les politiques microéconomiques contribuent à préserver des structures économiques inefficaces, entravant les forces du marché dont dépend, dans une large mesure, la réussite de la politique macroéconomique. (Bélanger, 1992 : 7)

Dans ces conditions, les principes du libéralisme économique vont graduellement gagner les politiques nationales des gouvernements au même titre que leurs politiques internationales[1].

Si la première crise pétrolière de 1973-74 marque indéniablement un tournant décisif vers la rupture de la croissance économique, nous croyons, à l'instar de Manuel Guitián (1981), qu'il existait déjà de fortes pressions inflationnistes que la crise du pétrole était venue amplifier, cela

[1] Il importe de souligner que les politiques économiques envisagées par Keynes, bien qu'impliquant une intervention importante de l'État dans l'économie, s'inscrivent à l'intérieur « d'économies de marchés » qui se sont toujours inspirées des principes du libéralisme issus de la *théorie économique classique*. Michel Baud et Gilles Dostaler (1993 : 47) notent d'ailleurs que : « En même temps qu'il l'attaquait, Keynes utilisait des éléments de la théorie classique dans sa reconstruction. »

menant la plupart des pays dans une sévère récession. En effet, les politiques expansionnistes qu'appliquaient les États depuis le lendemain de la Seconde Guerre mondiale et l'interdépendance grandissante liée à la libéralisation des échanges commerciaux – la fameuse mondialisation - avaient rendu les économies nationales vulnérables aux changements des conjonctures internationales. La multiplication par quatre du prix des hydrocarbures au début des années 1970 est venue aggraver le déséquilibre de la balance des paiements des pays non exportateurs de pétrole, et les a plongé dans un endettement accéléré. Cet endettement était d'autant plus rapide que la plupart des pays continuaient d'appliquer les mêmes politiques inflationnistes durant la décennie 70, encouragés par la disponibilité accrue de *pétrodollars* facilement accessibles sur les marchés financiers.

Entre 1975 et 1979, peu de pays ont modifié leurs politiques économiques, même si cette période marque le début de changements à ce niveau dans certains pays, en particulier parmi les membres de l'OCDE. Le second choc pétrolier de 1979-82 a définitivement mis un terme au compromis de l'*embedded liberalism* en plongeant une nouvelle fois la communauté internationale dans le marasme économique. On pose dès lors le diagnostic d'une crise *structurelle* du modèle keynésien, à cause d'une rupture dans la croissance de productivité, des tensions inflationnistes répétées et d'un dysfonctionnement du système monétaire international qui commande un rajustement des politiques économiques et des *a priori* sur lesquels elles étaient basées[2].

[2] Parallèlement à cette évolution, on assiste à une remise en cause des modèles de développement « autocentrés » d'industrialisation par substitution des importations devant leur incapacité d'engager les pays du tiers-monde sur la voie de la croissance économique. L'OCDE qualifie d'incohérentes les politiques microéconomiques menées jusqu'alors dans les différents pays. Pour cette institution, ce sont manifestement ces politiques qui ont créé les déséquilibres qui, exacerbés par les deux crises pétrolières, ont mené à une crise structurelle des économies (OCDE, 1987 : 15-16). Les analystes de la Banque mondiale vont dans le même sens, en suggérant que : « [...] les bouleversements extérieurs ont servi uniquement à mettre en relief les faiblesses domestiques structurelles résultant de plusieurs années de mauvaises politiques et d'institutions déficientes. » (Nicholas, 1988 : 1). Traduction libre.

L'émergence du concept d'ajustement structurel

L'évolution des conjonctures économiques qui a mené à la crise de la dette a participé à un changement important de la perception par les pays industrialisés des problèmes économiques internationaux et de leur solution. Dès la fin des années 1970, l'OCDE préconise un ajustement aux nouvelles conditions économiques qui prévalent à l'époque en misant sur les forces du marché (OCDE, 1979). On oppose alors explicitement le « cercle vertueux » de stabilité macroéconomique et de flexibilité microéconomique au « cercle vicieux » d'instabilité et de rigidité. Pour rétablir une cohérence entre les prescriptions micro et macroéconomiques, on envisage donc un programme de réforme visant à accroître la capacité d'adaptation des économies, l'efficacité du secteur privé et la concurrence, dans le but avoué de redonner la « place qui leur revient » aux forces du marché.

Ces conditions ont débouché sur des changements stratégiques de la part du FMI et de la Banque mondiale. Les deux institutions internationales appuient maintenant conjointement un ajustement macro et microéconomique et misent toutes deux, à des degrés divers, sur l'amélioration des balances extérieures et intérieures. À la Banque mondiale, on a donc passé d'un objectif de *Redistribution with growth* du début des années 1970, qui visait à rejoindre les pauvres « en particulier », à celui d'*Adjustment with growth*, où la croissance et le rétablissement des équilibres économiques représentaient plus que jamais l'étape obligée pour le soutien d'un développement durable.

La Banque mondiale, tout comme le FMI d'ailleurs, inscrira sa nouvelle stratégie dans la foulée du discours et du modèle conceptuel développés par l'OCDE au cours des années 1970. Dès 1978, en effet, l'approche préconisée par l'OCDE misera sur la prédominance des forces du marché les plus productives dans un souci d'efficacité économique (OCDE, 1979 : 88). C'est dans un contexte d'endettement croissant des pays du tiers-monde, une détérioration continue des termes d'échange, et un déficit budgétaire récurrent, qu'un *ajustement* est identifié comme nécessaire pour la plupart des pays, en particulier ceux à faible revenu non-exportateurs de pétrole.

C'est notamment à partir de ces conditions qui marquent le début des années 1980 que la Banque mondiale envisage de soutenir le développement par des prêts à l'ajustement au lieu de s'en tenir strictement au financement traditionnel de projets. Ce changement fondamental de stratégies marque le début d'un « repositionnement » de la Banque mondiale dans le soutien au développement des pays du tiers-monde, en consolidant son rôle tant au niveau de l'application des mesures d'ajustement que dans leur conception[3].

De la conception des programmes à leur application

Initialement, l'ajustement économique appliqué conjointement par le FMI et la Banque mondiale dans les pays en développement pouvait être scindé en deux parties. La première comportait des mesures de stabilisation à travers un programme financier qui visait essentiellement la lutte contre l'inflation, le déficit de la balance des paiements et le déficit budgétaire des gouvernements. En d'autres termes, l'objectif principal des programmes de stabilisation visait « la restauration et le maintien de la viabilité de la balance des paiements dans un environnement où les prix sont stables, et le taux de la croissance économique est soutenu » (Goldstein, 1986 : 3).

---

[3] Pour Marc Raffinot (1991 : 55), les prêts d'ajustement structurel sont apparus aussi comme une réponse à un problème de financement du développement de plus en plus difficile à résoudre. L'auteur note à cet effet que le traditionnel financement de projets par la Banque mondiale (en raison de ses statuts, l'institution est tenue de passer par ce type de financement pour soutenir le développement) se heurtait, au début des années 1980, à deux principaux obstacles : l'épuisement du stock de projets viables et la lenteur des décaissements. L'institution a donc intégré le financement de l'ajustement par souci d'efficacité économique, certes, mais aussi pour consolider son influence et son rôle primordial dans le soutien financier des pays en développement.

Ces mesures de stabilisation à court terme étaient parallèlement appuyées d'un changement structurel. Celui-ci visaient la réduction et le retrait de rigidités et de distorsions du marché. Cet objectif misait sur une réorganisation du rôle de l'État dans l'économie pour favoriser l'ouverture des marchés et la compétitivité. Le FMI identifie alors deux types d'ajustement structurel (IMF, 1989). Le premier type de mesures concernait le retrait de rigidités qui empêchent une orientation efficace des ressources et l'élimination de la distorsion des prix. Le second type de mesures visait la relance de la croissance en augmentant la productivité, l'épargne et la formation du capital.

Comme en témoignent les actions de la Banque mondiale dans les pays en développement, ces deux types de mesures peuvent s'appliquer simultanément et se traduisent en pratique par ce qu'il est tenu d'appeler les programmes d'ajustement structurel (PAS). Une certaine littérature suggère cependant une tendance à faire converger les deux définitions et à confondre stabilisation et ajustement (Loxley, 1986 ; Bélanger, 1992 ; Gibbon, 1995). En effet, l'évolution des organisations de Bretton Woods vers un rôle élargi dans le financement du développement a eu pour conséquence une transformation de leurs pratiques qui tend finalement à fondre la définition et l'application des mesures de stabilisation et d'ajustement. Il est clair cependant que l'une ou l'autre de ces stratégies s'inspire des mêmes *a priori* conceptuels qui, après le règne de vingt-cinq années du compromis keynésien, sont présentés comme la seule réponse possible aux conjonctures des années 1980.

Les fondements conceptuels des programmes d'ajustement

Les changements apparus au cours de la décennie 1970 marquent donc un changement conceptuel et stratégique important pour la Banque mondiale. Dans ces conditions, il importe de questionner les *a priori* sous-jacents aux stratégies de l'institution en portant une attention particulière à l'importance accordée à la relance de la croissance dans l'élaboration des programmes d'ajustement structurel.

Le néolibéralisme à la base d'une croissance durable

Tel que le présentent certains auteurs, les programmes d'ajustement reposent sur plusieurs principes inspirés de la doctrine libérale et de la théorie économique néoclassique qui peuvent se résumer aux trois thèmes suivants : avantages comparatifs, monétarisme et rôle privilégié de l'entreprise privée (L'Hériteau, 1982). Pour les Monétaristes de l'école de Chicago, tels Milton Friedman et Friedrich Hayek, « l'État doit se limiter à assurer un encadrement stable aux opérations du marché » (Beaud et Dostaler, 1993 : 155). Il faut donc laisser faire la concurrence pour déterminer la valeur des monnaies et les prix. L'État, laissant les forces du marché décider, n'agit pratiquement que pour programmer la croissance de la masse monétaire en fonction de la demande et pour combattre l'inflation en haussant les taux d'intérêts. Certains penseurs de l'économie de l'offre, comme George Gilder, vont encore plus loin en récupérant les théories d'Adam Smith et de Malthus pour condamner l'intervention sociale de l'État. Ils prônent en effet la diminution du fardeau fiscal de l'État par des coupures dans les politiques sociales et par une déréglementation économique radicale.

À l'instar d'autres auteurs, nous croyons que ces deux courants de la pensée économique ont grandement influencé ce qu'on a appelé la doctrine néolibérale (L'Hériteau, 1990). Il est clair cependant que cette doctrine n'a jamais été appliquée de façon totalement *orthodoxe* et ce, de façon inégale selon les pays. Elle oriente cependant l'action et la réflexion du FMI et de la Banque mondiale qui l'ont érigée en modèle à suivre pour les pays en développement qu'elles financent. Mais ce modèle s'applique tout autant aux pays industrialisés. L'émergence et le développement de ce modèle dépendent d'ailleurs de ceux-ci.

Les deux pays associés au « virage néolibéral » sont bien entendu le Royaume-Uni et les États-Unis avec l'arrivée au pouvoir de Margaret Thatcher en 1979 et de Ronald Reagan en 1981. Ces deux gouvernements vont s'appliquer, dès leur élection, à mettre en oeuvre une « thérapie de choc » misant sur la privatisation, la déréglementation et la réduction du rôle de l'État dans le but de restaurer ce qu'ils ont appelé un environnement favorable à relancer une croissance soutenue.

Cette volonté américaine et britannique s'est jointe, au niveau international, à un mouvement de mise en application de mesures d'ajustement économique. Mais l'émergence du néolibéralisme ne dépend pas uniquement de ces deux pays. En effet, si les principaux pays occidentaux réalisaient qu'ils ne pouvaient plus encourager un modèle expansionniste sans s'enfoncer indéfiniment dans l'endettement[4], il est clair que les pays du tiers-monde n'étaient pas davantage en mesure de relancer une croissance interrompue depuis dix ans, jugée essentielle au développement de leur économie. L'application du modèle keynésien avait sans aucun doute atteint plusieurs de ses limites et il devenait nécessaire de *s'ajuster.* La question est de savoir comment.

Comme le posent plusieurs rapports de la Banque mondiale, cette nécessité de s'ajuster, apparue d'abord pour répondre à la crise de l'endettement, a toujours conservé comme finalité la relance de la croissance économique considérée comme le moteur du développement et de la lutte contre la pauvreté (World Bank, 1990a ; World Bank, 1997a).

La place centrale de la croissance dans les programmes d'ajustement

La notion de croissance occupe une place importante dans la logique du modèle de l'institution. Dès sa création en 1944, la croissance économique est identifiée comme un objectif central de développement pour la Banque mondiale. Si, au paragraphe III de l'article premier de ses statuts, on évoque la volonté d'accroître la productivité et d'améliorer le niveau de vie de ses États membres, les moyens d'engager cette

[4] « Puisque les déficits ne sont ni temporaires ni réversibles d'eux-mêmes, le financement à long terme n'est pas une solution. Une politique de financement sans ajustement conduit plutôt à une dette extérieure imposante, avec un service de la dette important, et réduira l'accès au crédit. L'ajustement devient dès lors incontournable [...]. » (Killick et Sutton, 1982 : 49). Traduction libre.

croissance se sont passablement transformés depuis la création de la Banque.

De la croissance équilibrée des années 1940-50 jusqu'à la *Redistribution with growth* des années 1960-70 et l'*Adjustment with growth* de la Banque mondiale à partir des années 1980, le développement n'a jamais été envisagé sans l'amorce d'une croissance économique substantielle et soutenue. C'est d'ailleurs une raison pour laquelle l'institution s'est lancée dans le financement de l'ajustement à partir de 1980 avec la Turquie et le Kenya. En effet, le soutien de la croissance étant un de ses objectifs prioritaires de développement, il devenait nécessaire de rétablir les conditions économiques favorables qui étaient menacées par une crise persistante de la balance des paiements et par un endettement galopant. Dans ces conditions, la croissance devait se réaliser à travers l'ajustement structurel de l'économie.

Si la croissance se traduit par une augmentation de la production rendue possible par un accroissement de l'épargne et des investissements, elle passe aussi par un accès essentiel aux nouvelles technologies pour soutenir le développement, d'où l'incontournable nécessité pour les pays du tiers-monde de s'ouvrir sur l'extérieur. Cette façon d'appréhender le développement s'inscrit dans les théories et les modèles de changements structurels associés à une croissance économique rapide et généralisée qui minimise l'influence que peuvent avoir les éléments extérieurs sur l'économie nationale en appuyant le développement principalement sur des changements dans les structures économiques domestiques (Todaro, 1989). Cette conception particulière de la croissance et de ses effets peut être identifiée comme un des *a priori* du modèle de développement défendu par la Banque.

Même si l'institution a voulu, dès les années 1970, appuyer son modèle sur un relèvement durable du niveau de vie, elle l'a fait à travers l'objectif de relance de la croissance qui est toujours demeuré prioritaire en plus de rester quantitatif et principalement économique. Si la Banque a reconnu et répété que la qualité de l'intervention est aussi importante que son ampleur et que le développement doit signifier un progrès économique doublé d'un progrès social, le développement par la croissance a toujours misé sur une augmentation du Produit national brut (PNB) par habitant. Ainsi, pour la Banque mondiale, le recul de la pauvreté se réalise nécessairement par une relance de la croissance économique[5].

La libéralisation du commerce, nous l'avons dit, fait aussi partie des composantes de l'ajustement structurel. Par l'élimination des quotas et l'abaissement des tarifs, les pays sont encouragés à extravertir leur économie et à entretenir leurs avantages comparatifs qui visent entre autres, il est nécessaire de le souligner, à reproduire une division internationale du travail. Tous ces efforts de changements structurels favorisent une plus grande ouverture de l'économie et mènent à une interdépendance accrue entre les États, catalyseur essentiel au libre marché, à la libéralisation économique et à la reproduction de la dépendance des pays du Sud face à ceux du Nord. La relance de la croissance, telle qu'envisagée par les programmes d'ajustement structurel de la Banque, se réalise donc par l'application de la doctrine néolibérale tel que nous l'avons définie précédemment et se traduit par le principe d'un marché libre de droits de douane (surtout au Sud !), une intervention réduite de l'État dans le fonctionnement du marché, et un contexte favorable aux échanges commerciaux et financiers internationaux.

L'émergence d'un nouveau modèle de développement ?

En plus de la croissance, nous avons mentionné que l'un des *a priori* de la Banque mondiale repose sur la nécessité pour les économies en développement de s'ouvrir et de s'intégrer le plus possible aux échanges internationaux et à l'économie mondiale. Cet élément apparaît dans l'article premier des Accords de Bretton Woods à l'origine de la Banque qui engage l'institution à contribuer, dans le long terme, au développement des échanges internationaux et au maintien de l'équilibre budgétaire des États membres. Cette prémisse reste à la base du

[5] Dans un important rapport publié en 1994, la Banque soutenait que dans les pays africains « [...] le niveau de croissance par habitant, même parmi les pays qui se sont le plus engagés dans le processus d'ajustement, reste toujours en deçà du niveau nécessaire pour obtenir un recul rapide de la pauvreté. » (Banque mondiale, 1994 : xiii).

modèle d'intervention de l'institution puisqu'il est entendu que la Banque doit en tout temps inspirer ses actions de ce premier article constitutif.

On retiendra donc que la Banque mondiale, comme le FMI, doit veiller au « développement harmonieux [...] des échanges internationaux et au maintien de l'équilibre des balances des paiements en encourageant les investissements internationaux ayant pour but d'accroître les ressources productives des États membres [...][6] ». Il est clair dans ces conditions que les institutions de Bretton Woods visent l'établissement d'un contexte propre à favoriser le dynamisme et l'expansion de l'économie mondiale. Cet objectif est d'ailleurs intimement lié à la relance et à la pérennité de la croissance économique dans les pays membres. Les stratégies visant les pauvres en particulier s'inscrivent dans une volonté de la Banque de les intégrer davantage à l'effort de production nationale dans le but de favoriser l'expansion des échanges internationaux, donc la croissance économique générale.

En fait, la Banque mondiale, tout comme le FMI d'ailleurs, a toujours misé sur l'ouverture des marchés, l'expansion du commerce mondial et la lutte contre le protectionnisme. Doit-on se surprendre que le siège de ces deux institutions soit à Washington ? Rappelons-nous qu'un des objectifs de la rencontre de Bretton Woods visait à ne pas reproduire les conditions économiques difficiles de l'entre-deux guerres qui avaient poussé les États au protectionnisme, à la récession et à la guerre, mais aussi à une certaine remise en cause du capitalisme lui-même. La stabilité politique s'est donc trouvé indissociablement liée à la stabilité économique, et c'est dans cet esprit que les deux puissances anglo-saxonnes se sont rencontrées peu avant la fin du second conflit mondial pour paver le chemin d'une paix durable basée sur la consolidation de leur rôle hégémonique.

La position des pays industrialisés, les États-Unis en tête, et par extension les organisations internationales qu'ils ont créées, est donc claire et s'inscrit dans la logique d'un modèle : l'expansion du commerce mondial et l'ouverture des économies sur l'extérieur favorisent un type de concurrence et

---

[6] Voir le paragraphe III de l'article premier de l'*Accord relatif à la Banque internationale pour la reconstruction et le développement*.

ainsi, une reproduction de l'échange inégal qui cantonne les pays en développement au rôle de pourvoyeurs de matières premières. Ceci entretient une division internationale du travail favorable à la croissance des pays industrialisés et maintient le dynamisme du secteur privé tout en soutenant le développement des multinationales. Tous ces éléments sont au coeur d'un modèle d'inspiration néolibérale qui se trouve à la base des interventions de la Banque mondiale vis-à-vis des pays du tiers-monde.

La promotion des exportations comme moyen d'insertion dans l'économie mondiale

L'ouverture des marchés vers l'extérieur, par la promotion des exportations, s'est imposée comme une dominante dans la pensée économique depuis le début des années 1940. Pendant les trois décennies qui suivirent la fin de la Seconde Guerre mondiale, cette dominante n'a cependant pas fait l'unanimité chez les penseurs du développement. Des auteurs tels Raùl Prebish (1950) et Hans W. Singer (1950) ont lié le sous-développement aux influences externes elles-mêmes, notamment celles des marchés internationaux. Pour ces économistes, le sous-développement des pays du Sud est en quelque sorte un produit du développement des pays du Nord (comme moyen d'entretenir la dépendance) et du colonialisme comme origine de l'échange inégal. Ce que Todaro nomme *la révolution contre la dépendance internationale* concrétise en somme une réaction face à l'ordre économique international imposé par Bretton Woods.

Pour les théoriciens de la dépendance, dont l'influence était remarquable dans les pays du tiers-monde au cours des années 1960-70, les causes du sous-développement sont perçues de l'extérieur et s'appuient notamment sur l'inégalité des relations et des échanges entre les pays industrialisés et les pays du tiers-monde. Dans ces conditions, ces auteurs affirment que :

> [...] la coexistence de nations riches et de nations pauvres dans un système international dominé par de telles inégalités dans les relations entre le centre et la périphérie rendent les tentatives des pays pauvres à devenir autosuffisants et indépendants dans leurs

efforts de développement difficiles, voire impossibles. (Todaro, 1989 : 79).

Cette façon de considérer les causes du sous-développement a favorisé l'isolement des économies naissantes en rapport aux influences externes par un recours au protectionnisme qui s'est traduit par des politiques d'industrialisation par substitution aux importations au cours des années 1960 et 1970.

Dès 1969 cependant, Robert S. McNamara, alors président de la Banque mondiale, soutient qu'il est nécessaire de réorienter les efforts de production vers l'extérieur. En insistant sur les limites du marché national, la Banque se fait critique du modèle de substitution aux importations[7] en encourageant l'exportation, et par le fait même l'intégration à l'économie mondiale sur la base d'un « assainissement » de l'industrie appuyé sur la compétition. En 1973, la Banque mondiale identifie trois problèmes majeurs auxquels sont confrontés les pays en développement. L'institution note en effet un manque de ressources en devises, une insuffisance des flux d'aide publique au développement et l'accroissement du fardeau de leur dette extérieure (McNamara, 1973). À tous ces maux, une solution principale est proposée : orienter la production nationale vers le marché mondial.

Au lieu de considérer les sources du problème – l'ordre économique international – la Banque mondiale a toujours limité son analyse aux symptômes. Les exportations sont donc considérées comme le moyen par excellence d'obtenir, pour les pays du tiers-monde, les devises nécessaires au paiement de leurs importations et pour répondre au service de leur dette extérieure grandissante. Cet objectif apparaît d'autant plus important après le premier choc pétrolier, lorsque la Banque met l'accent sur la nécessité pour les pays en développement importateurs de pétrole d'acquérir et d'épargner des devises en stimulant les exportations. Cette orientation soutenue vers l'extérieur s'inscrit dans le mandat de l'institution d'oeuvrer à l'insertion de ses pays membres dans l'économie mondiale, contribuant ainsi à une gestion plus efficace des ressources – au sens d'une reproduction de l'ordre économique

---

[7] Modèle qui avait déjà obtenu une certaine faveur au sein de l'institution avant les années 1960 (Payer, 1982).

international –, à la réalisation d'économies d'échelle, et au développement d'avantages comparatifs. Ces trois éléments, nous l'avons vu, s'inscrivent dans les *a priori* d'inspiration néolibérale à la base du modèle de la Banque.

La notion d'avantages comparatifs

La croissance économique étant tributaire d'une utilisation efficace des ressources, le modèle de développement adopté par la Banque est basé sur le principe voulant que l'efficacité d'une économie passe par la production de ce qu'un pays peut faire de mieux sur le marché international, compte tenu de ce que les autres pays produisent et de la limite des ressources dont il dispose. D'après ce raisonnement, il est inutile de s'appliquer au développement d'une production diversifiée pour répondre aux besoins du marché intérieur, même si elle est considérée comme stratégique ou perçue comme le moyen de s'émanciper d'une structure économique coloniale. Il importe plutôt de se concentrer dans sa « spécialité » internationale, dans une volonté de plus grande intégration à la division actuelle de la production et du travail.

Nous sommes très loin du développement « autocentré » qui prévalait durant les années 1950-60 et qui visait l'autosuffisance industrielle et agricole des pays du tiers-monde. Le développement extraverti élaboré par la Banque mise sur la concentration des ressources productives des pays en développement dans un créneau du marché international dans lequel le pays possède un avantage concurrentiel. Pour y arriver, il ne faut pas simplement concentrer les ressources disponibles, mais il est nécessaire de viser une meilleure utilisation de celles-ci dans le but d'accroître la compétitivité et « l'adaptabilité » des économies en développement en misant sur la rationalité du secteur privé, sur l'accroissement des exportations, sur une augmentation des investissements étrangers, et sur une réduction importante de l'intervention étatique dans l'économie.

Le rôle du capital étranger et du secteur privé dans le développement

Les objectifs et les actions de la Banque mondiale sont inspirés des prémisses de microéconomie néoclassique accordant une place privilégiée au secteur privé[8]. Cette position mène à la promotion des prix relatifs comme véritable indicateur du rapport offre-demande et à une utilisation optimale des ressources d'un pays, gage de l'efficacité économique. La « rationalité » du secteur privé possède donc une place fondamentale dans la logique du modèle. À cet effet, il importe de se rappeler le mandat de catalyseur des investissements privés qui marquent les actions de la Banque depuis sa fondation et qui l'ont incitée à créer, au cours des années 1960, l'*International Finance Corporation (IFC)* pour soutenir le secteur privé en particulier. Cette propension à favoriser ce secteur est intimement liée à l'un des objectifs fondamentaux de l'institution, dont nous venons de parler, qui vise l'ouverture et l'intégration des économies en développement aux échanges internationaux et à l'économie mondiale, tout en perpétuant l'échange inégal.

Le capital étranger a toujours été au coeur de la stratégie de la Banque. Cet objectif était déjà présent avant les années 1960 et il semble être devenu encore plus pressant durant toute la période 1970 avec l'arrivée de McNamara à la présidence. Il ne faut pas perdre de vue qu'à titre d'institution financière internationale, la Banque mondiale doit « favoriser les investissements privés à l'étranger au moyen de garantie ou de participation à des prêts ou à d'autres investissements effectués par des particuliers [...] »[9]. À cet effet, le rôle du capital étranger, particulièrement lorsqu'il provient du secteur privé,

---

[8] Comme le prétend la Banque, « *Le rapport sur le développement dans le monde 1991* notait la formation d'un consensus en faveur d'une approche du développement en harmonie avec le marché. Cela suppose que les gouvernements interviennent moins dans les domaines où le marché fonctionne relativement bien, et fassent davantage là où ce n'est pas le cas. » (Banque mondiale, 1994 : 114).

[9] Voir le paragraphe II de l'article premier de l'*Accord relatif à la Banque internationale pour la reconstruction et le développement*.

demeure central au modèle de développement qui vise une croissance extravertie.

La place attribuée aux interventions de l'État dans l'économie

Le rôle du gouvernement dans l'économie est, depuis longtemps, un sujet riche de controverse et nous y reviendrons. Si les institutions de Bretton Woods associent une grande partie des interventions de l'État dans l'économie à un des principaux facteurs de dysfonctionnement du marché, leurs programmes d'ajustement structurel demandent néanmoins une participation importante de l'État à la promotion et la mise en place de leur modèle d'inspiration néolibéral[10]. Le rapport sur le développement dans le monde de 1997 en est un exemple clair (World Bank, 1997b). La confiance dans la rationalité du secteur privé suppose bien entendu un certain retrait des interventions étatiques dans l'économie, ou plutôt un réaménagement de ces interventions dans le but de créer un environnement favorable au développement des activités du secteur privé.

Pour Marie-France L'Hériteau justement, l'objectif des programmes d'ajustement structurel n'est pas tant de réduire le rôle de l'État que de modifier la forme et l'objectif de ses interventions. On n'assiste donc pas à la promotion d'une politique du *laissez-faire* telle qu'envisagée par le libéralisme classique, mais plutôt à l'imposition et à la « gestion » d'une forme « particulière » du libéralisme, celles-ci héritées de la vision des institutions nées des accords de Bretton Woods. Dans ces conditions, la Banque fait la promotion d'une forme

[10] Ainsi, même si les analystes de la Banque mentionnent que : « Le secteur public est au coeur même de la stagnation et du ralentissement de la croissance en Afrique. Au milieu des années 80, il en était venu à tenir une trop grande place dans la plupart des pays d'Afrique subsaharienne. Il intervenait - avec de piètres résultats - dans des activités pour lesquelles le marché est relativement efficace, comme l'allocation des devises et l'orientation du crédit. » La Banque soutient dans le même document « [qu'un] programme de réforme économique ne peut réussir que si l'État en prend la responsabilité. » (Banque mondiale, 1994 : 113 et xvi).

d'interventionnisme, dans la mesure où elle crée un contexte favorable à la promotion des objectifs néolibéraux abordés plus haut. Comme le pose Bonnie Campbell (1998 : 9) :

> En gros, cette vision [néolibérale] voit les marchés et le secteur privé d'une part, et les États d'autre part, comme des entités qui se concurrencent pour occuper la même sphère d'activités économiques. Ainsi, le retrait de l'État de ses fonctions de propriétaire d'industries [...] permettrait aux forces du marché d'agir plus librement afin d'égaliser l'offre et la demande, de manière à envoyer des signaux appropriés au secteur privé, afin qu'il puisse prendre de façon optimale des décisions de production et d'investissement.

L'ajustement structurel, d'abord apparu pour répondre à l'essoufflement de l'ordre économique d'après-guerre et à plusieurs événements historiques défavorables à la croissance, s'inscrit donc comme un moyen de réaliser les objectifs d'un « nouveau modèle »[11]. Ce modèle, dont nous avons présenté les principaux éléments, reste une base conceptuelle sur laquelle s'appuie la Banque mondiale pour justifier ses actions dans les pays en développement. Il est clair cependant que les objectifs envisagés à travers l'ajustement structurel ne font pas l'unanimité et que certains effets de ces programmes sont jugés négatifs, en particulier pour les plus pauvres des populations visées. Ces « coûts sociaux » de l'ajustement sont vigoureusement dénoncés depuis le milieu des années 1980 et la critique soutenue du modèle sous-jacent a poussé la Banque mondiale à tenir compte davantage des effets de ses programmes de relance économique sur les groupes les plus vulnérables.

---

[11] Comme l'expose la Banque « Les programmes de réformes que de nombreux pays africains ont adoptés au milieu des années 80, avec le soutien du Fonds monétaire international, de la Banque mondiale et d'autres bailleurs de fonds, reposaient sur un modèle nouveau. Leur but était de limiter le rôle de l'État dans la production et dans le contrôle de l'activité privée. Ils faisaient une plus large place aux exportations, en particulier à celles d'une agriculture fortement négligée. Ils mettaient aussi davantage l'accent sur la stabilité macroéconomique et sur la nécessité d'éviter la surévaluation des monnaies. La réorganisation du cadre législatif et réglementaire sur la base de ce nouveau modèle est ce qui a fini par s'appeler ajustement structurel. » (Banque mondiale, 1994 : 39).

CHAPITRE II

LES COÛTS SOCIAUX : DE LA CRITIQUE EXTERNE DE L'AJUSTEMENT À LA CRITIQUE DU MODÈLE DE DÉVELOPPEMENT

La pauvreté en Afrique subsaharienne

La pauvreté n'est malheureusement pas un phénomène récent. Elle affecte des millions de personnes à travers le monde, tant dans les pays du Nord que dans ceux du Sud. Il existe cependant des régions où la pauvreté prend des proportions importantes, comme c'est notamment le cas dans la plupart des pays d'Afrique subsaharienne. La pauvreté dans cette région, contrairement à la régression enregistrée dans la plupart des autres régions en développement, semble avoir pris une ampleur sans précédent depuis le début des années 1980.

En 1990, la Banque mondiale publiait son *Rapport sur le développement dans le monde* sur le thème de la pauvreté. Selon l'institution, la plupart des pays du tiers-monde avaient profité d'une augmentation globale de leur niveau de vie depuis 30 ans. Cependant, le recul de la pauvreté depuis le début des années 1960 reste inégal selon les pays et les régions. L'Asie du sud-est demeure incontestablement la région où les progrès en ce sens n'ont pratiquement pas cessé depuis trois décennies. Mais le « miracle asiatique » – qui peut très bien se transformer en cauchemar suivant les effets de la crise financière de 1997 – possède aussi son antithèse, avec l'expérience du continent africain. Ainsi, en 1985, 47% de la population était pauvre en Afrique subsaharienne, ce qui représente près de 180 millions de personnes. Selon les estimations de la Banque, on devrait compter près de 100 millions de nouveaux pauvres dans cette région entre 1985 et 2000, période durant laquelle on prévoit une régression de la pauvreté dans pratiquement toutes les autres régions du monde en développement.

Mais la « pauvreté » est une réalité difficile à définir dans toute sa complexité, en particulier lorsqu'on l'analyse à partir de critères du Nord. Conscient de ces limites, il est possible de se pencher sur certains indicateurs qui permettent de « mesurer » avec le plus de réalisme possible les conditions de vie et à partir de cela, la pauvreté. La Banque mondiale la définit comme l'incapacité d'un individu à subvenir à ses besoins essentiels, notamment se nourrir, se loger, se vêtir, avoir accès à des soins de santé et à l'éducation (World Bank, 1990a). Le risque est cependant énorme de simplifier à outrance les paramètres qui déterminent ces besoins, et il existe toute une littérature sur la façon la plus objective d'y arriver (Morris, 1979 ; Streeten, 1981 ; Glewwe et Van Der Gaag, 1990). Si, traditionnellement, on a utilisé le Produit intérieur brut (PIB) ou le Produit national brut (PNB) par habitant pour identifier les pauvres et mesurer l'évolution de leurs conditions de vie, la plupart des auteurs, tout comme la Banque mondiale et le FMI le font aujourd'hui, s'entendent pour dire que cet indicateur ne suffit pas à saisir l'ensemble de la réalité socio-économique d'un pays. Il importe alors de compléter notre compréhension par d'autres indicateurs.

À l'instar de la Banque mondiale, nous avons regroupé les indicateurs selon deux grands types : 1) les indicateurs de « politiques sociales » basés sur des intrants, et 2) les indicateurs sociaux ou de « bien-être » basés sur des résultats ou des extrants. Le premier type d'indicateur regroupe des données principalement économiques, tel que le revenu, les dépenses publiques d'enseignement et de santé. Nous croyons qu'il est pertinent de l'utiliser pour mieux saisir l'évolution des politiques sociales d'un gouvernement et son implication dans la lutte contre la pauvreté. Le second type regroupe notamment des indicateurs sur la situation nutritionnelle, sur la santé (mortalité infantile, espérance de vie, etc.) et l'éducation (inscription des enfants à l'école primaire, etc.).

L'ensemble des données utilisées provient des publications de l'UNICEF, de l'Organisation pour l'aide alimentaire (FAO), du Programme des Nations Unies pour le développement (PNUD), et de la Banque mondiale. Une analyse des indicateurs retenus nous permettra de mieux saisir l'évolution de la pauvreté en Afrique subsaharienne au cours des décennies 1980 et 1990.

L'évolution des dépenses sociales

Malgré un PIB réel moyen par habitant (PPA) de 1407$ US (1995), l'Afrique subsaharienne est la région en développement ayant connu le plus faible taux de croissance de sa production par habitant, avec 1,5% par année pendant la période 1965-80, et -1,3% pour la période 1980-95 (PNUD, 1998). Il est clair cependant que l'augmentation du poids démographique a contribué à limiter la valeur de l'indice puisque le nombre d'habitants a augmenté plus vite que la croissance moyenne de la production. C'est dire que le pouvoir d'achat des habitants de cette région a peu évolué en moyenne depuis les 30 dernières années et a même sensiblement régressé. Pour la Banque mondiale, cette régression, jumelée à une stagnation de la production agricole dans la région et à une baisse des termes d'échange, a vraisemblablement augmenté le nombre de personnes au-dessous du seuil de la pauvreté en Afrique subsaharienne pendant les années 1980 et 1990, créant ainsi une pression toujours plus forte sur les dépenses publiques. Encore une fois, les analystes de l'institution semblent s'intéresser davantage à décrire les symptômes qui ont mené à cette situation plutôt qu'à approfondir la compréhension des causes.

Le tableau 2.1 regroupe certains indices des politiques sociales, c'est-à-dire des intrants contrôlés par les gouvernements qui peuvent être perçus comme ayant un effet non négligeable sur la pauvreté. Le salaire minimum concerne principalement les travailleurs des villes, en particulier ceux du secteur formel et du secteur public. Cet indicateur représente une faible proportion de la main-d'oeuvre, mais il permet tout de même de saisir l'évolution des conditions salariales sur une période de temps (Osmont, 1995). Les données montrent que la valeur réelle du salaire minimum a baissé légèrement sur une période de dix ans, en particulier pendant la première moitié des années 1980. C'est donc dire que ces travailleurs, qui représentent les « nouveaux pauvres » identifiés par la Banque, se sont appauvris pendant la période étudiée.

Tableau 2.1 : Évolution des dépenses sociales en Afrique subsaharienne de 1980 à 1990, avec taux d'accroissement annuel moyen (TAAM, moyenne géométrique)[12]

INDICATEUR	1980	1985	1990	TAAM 80-85	TAAM 85-90	TAAM 80-90
Salaire minimum (indexé) 1980=100	100	88,4	86,4[a]	-3,1%	-0,6%	-1,8%[b]
Dépenses publiques (net d'intérêts, en pourcentage du PNB)	27,8	23,8	22,3	-3,8%	-1,7%	-2,5%
Dépenses d'éducation, en pourcentage des dépenses publiques (net d'intérêts)	17,4	16,3	17,9	-1,7%	2,3%	0,3%
Dépenses de santé, en pourcentage des dépenses publiques (net d'intérêts)	6,8	6,8	7,9	0%	3,7%	1,6%

Source : Nos calculs, à partir de World Bank, 1994a.

[a] Données pour 1989.

[b] TAAM de 1980 à 1989.

Les dépenses publiques possèdent une place importante dans les économies des pays d'Afrique subsaharienne, non seulement parce qu'elles permettent l'emploi d'une partie de la population scolarisée, mais aussi parce qu'elles se traduisent

[12] Le TAAM et la moyenne sont calculés à partir des pays d'Afrique subsaharienne qui présentent des données pour les trois années étudiées, permettant ainsi une lecture de l'évolution sur dix ans. La moyenne obtenue de cette façon, pour les années 1980, 1985 et 1990, peut donc être différente de la moyenne calculée à partir de tous les pays pour lesquels la Banque présente des données pour chaque année étudiée.

par un investissement dans les infrastructures et les services sociaux. L'accès à l'éducation et aux services de santé peut être considéré comme ayant un effet important sur la pauvreté. Les dépenses dans ces secteurs sont donc stratégiques. Cependant, l'impact réel des dépenses sociales sur les pauvres dépend non seulement du niveau des ressources engagées, mais aussi de l'efficacité et de l'équité de ces ressources, perceptibles à travers le second type d'indicateur (mesures des résultats) que l'on abordera un peu plus loin.

Au tableau 2.1, on note que les dépenses publiques ont diminué de façon régulière pendant toute la décennie 1980. Rappelons qu'en plus d'équilibrer le budget du gouvernement, un des principaux objectifs des programmes d'ajustement structurel est de réorienter (et souvent de réduire) l'intervention de l'État dans plusieurs secteurs de l'économie. Les dépenses sociales n'échappent pas à cette tendance et on remarque au tableau 2.1 que les ressources financières dans le secteur de l'éducation ont baissé entre 1980 et 1985. Au cours de la seconde moitié de la décennie, on assiste à une croissance moyenne par année de 2,3%, ce qui rattrape à peine la régression annuelle moyenne de -1,7% enregistrée dans ce secteur au début des années 1980. En 1993-95, le pourcentage des dépenses publiques totales dans le secteur de l'enseignement ne représentait que 15,8% en moyenne pour l'ensemble des 24 pays de l'Afrique subsaharienne pour lesquelles les données sont disponibles (PNUD, 1998).

En matière de santé, il est important de noter que l'augmentation des dépenses entre 1985 et 1990 s'est faite pendant une période de baisse des dépenses publiques globales. On peut d'ailleurs observer pour l'ensemble de la période étudiée que les dépenses associées à l'éducation et aux services de santé ont augmenté en moyenne moins rapidement (0,3% et 1,6%) qu'a régressé l'ensemble des dépenses des gouvernements de la région (-2,5%).

La valeur nette des dépenses sociales a donc baissé sur une période de dix ans. Il importe cependant de retenir que les résultats utilisés sont des moyennes régionales qui voilent de nombreuses disparités entre les pays d'une même région en plus de masquer les disparités au sein de ces mêmes pays, rendant la généralisation difficile. La crise des secteurs sociaux reste toutefois manifeste dans cette région du monde et les exemples de retrait de l'État ne manquent pas (Chossudovsky, 1998). La Banque africaine de développement (1995) relevait qu'en Zambie, pas moins de 7000 enseignants du primaire et du secondaire ont quitté l'enseignement entre 1986 et 1990, créant des difficultés de remplacement, en particulier dans les établissements ruraux. Dans le secteur de la santé, la situation semble encore plus alarmante. Dans beaucoup de pays, les avancées accomplies depuis les années 1960 ont été freinées pendant la récession économique. Malgré le foisonnement de centres de santé et de dispensaires privés pendant la période de libéralisation qui a suivi, l'accroissement de l'offre de soins curatifs n'a pas amélioré la situation sanitaire des populations. Dans de nombreux pays, les maladies et les épidémies, dont l'éradication semblait acquise, sont réapparues.

L'évolution des indicateurs sociaux

Le tableau 2.2 offre une vue générale des « résultats » obtenus à travers le filtre de certains indicateurs sociaux. Quatre des cinq indicateurs observés ont régressé sur l'ensemble de la période étudiée. Des trois indicateurs retenus par David Morris (1979) (espérance de vie, mortalité infantile et analphabétisme), seul l'indicateur de mortalité infantile s'est amélioré depuis 1980. Malgré cette observation, l'Afrique subsaharienne reste la région du monde où l'espérance de vie à la naissance est la plus courte avec un peu plus de 50 ans. Même certains pays, comme la Guinée-Bissau, avait encore en 1995 une espérance de vie d'un peu plus de 43 ans.

Si la mortalité des enfants de moins de cinq ans a diminué pendant la période étudiée, l'amélioration de ce taux a été plus faible que pour les décennies précédentes (Morasse, 1991). L'Afrique subsaharienne conserve, encore une fois, un des plus hauts taux de mortalité infantile du monde en développement, avec 104 décès pour 1000 naissances vivantes en 1995 (PNUD, 1998 : 227).

Tableau 2.2 : Évolution des principaux indicateurs sociaux en Afrique subsaharienne, de 1980 à 1995, avec taux d'accroissement annuel moyen (TAAM, moyenne géométrique)

INDICATEUR	1980	1985	1990	1995	TAAM 80-90	TAAM 90-95
Espérance de vie à la naissance (années)	48,2	50,6	51,8	50,6	0,7%	0,0%
Taux de mortalité des enfants de moins de 5 ans (pour 1000 naissances vivantes)	217	201	175	169[a]	-2,1%	-0,9%
Inscription du groupe d'âge pertinent à l'enseignement primaire (%)	58,2	62,5	54,7	-	-0,6%	-
Apport journalier de calories par habitant	2186	-	2178	2237	0,0%	0,7%
Taux d'analphabétisme (en % de la population de 15 ans et plus)	70	45	51	56[b]	-3,1%	3,2%

Source : Nos calculs, à partir de World Bank, 1994a et de PNUD, années diverses.

[a] Données pour 1996.

[b] Données pour 1993.

La scolarisation primaire et la malnutrition sont les deux indicateurs qui ne se sont pas améliorés au cours des années 1980. L'inscription des enfants à l'enseignement primaire, après une augmentation annuelle moyenne de 1,8% entre 1980 et 1985, a chuté de -3,3% par année jusqu'en 1990. À la fin de la période étudiée, l'Afrique subsaharienne retrouve donc un taux d'inscription primaire inférieur à celui de 1980, avec

54,7% du nombre d'enfants en âge de s'inscrire à l'école. Cette réalité, jumelée à un taux de réussite des études primaires de seulement 57%[13], possède un impact certain sur l'émancipation des couches les plus pauvres de la population et vient amplifier les effets de la croissance du taux d'analphabétisme observée au cours des années 1980. On n'insistera jamais assez sur le rôle essentiel de l'éducation dans le développement et la lutte contre la pauvreté. Comme l'expose le PNUD (1996 : 83) :

> l'amélioration de l'approvisionnement en eau potable est par exemple difficilement réalisable si elle n'est pas accompagnée par un effort d'éducation. L'éducation a également des répercussions sur la santé et l'espérance de vie, dans la mesure où elle apporte aux populations des informations et les moyens de choisir des régimes nutritionnels, des comportements et des modes de vie plus sains.

Au niveau nutritionnel, on note au tableau 2.2 une stagnation, du début des années 1980 au milieu des années 1990. En 1995, l'apport journalier de calories ne couvrait en moyenne que 78% des besoins minimaux définis selon les normes de l'Organisation mondiale de la santé (OMS) à 2850 calories. Cet indicateur peut cependant être considéré comme peu fiable dans la perception de la malnutrition. Pour compléter l'analyse, la proportion des enfants présentant une insuffisance pondérale, synonyme de malnutrition infantile, est généralement considérée comme un indicateur important de la malnutrition chez les pauvres puisqu'elle tient compte du statut nutritionnel des enfants de 0 à 4 ans qui sont vulnérables aux changements de leur environnement à court terme.

Parmi les neuf pays de l'Afrique subsaharienne pour lesquels des données sont disponibles, sept d'entre eux ont vu le pourcentage des enfants présentant une insuffisance pondérale augmenter au cours des années 1980 (World Bank, 1994a : 72). Selon les Nations Unies, cette situation représente une augmentation de 1% des enfants mal nourris durant la décennie étudiée, pour l'ensemble de la région. Cette observation équivaut à 8,3 millions d'enfants mal nourris de plus en 1990 qu'en 1980 (United Nations, 1992). D'après la FAO et l'OMS, on peut dire plus généralement que le tiers de la

---

[13] Élèves achevant leurs études primaires, en pourcentage des effectifs entrés dans l'enseignement primaire, pour 1990 (PNUD, 1994 : 169).

population de l'Afrique subsaharienne est mal nourrie et que le nombre de personnes dans cette situation a augmenté en moyenne de 7% par année, passant de 130 millions en 1980 à 170 millions en 1990 (FAO/WHO, 1992). Entre 1990 et 1997, 30% des enfants de moins de cinq ans de cette région présentaient toujours une insuffisance pondérale (PNUD, 1998).

Le phénomène décrit ci-dessus n'est cependant pas simple à saisir dans sa complexité, et il reste difficile de pouvoir le quantifier sans prendre le risque de simplifier la réalité. Par ailleurs, à la lecture de l'ensemble des indicateurs utilisés pour mesurer certains intrants et extrants liés au phénomène de pauvreté, il apparaît que la situation est loin de s'être améliorée en Afrique subsaharienne au cours des années 1980 et 1990. Plusieurs indicateurs ont diminué pendant cette période, et certains d'entre eux (production par habitant, salaire minimum, niveau global des dépenses publiques, scolarisation primaire, niveau de nutrition des enfants) étaient, en 1990 ou en 1995, au-dessous du niveau de 1980.

Devant ce constat peu reluisant qui marque ce que certains ont appelé la « décennie perdue » du développement, plusieurs auteurs, mais aussi certaines organisations internationales, en sont venus à associer une part de la stagnation et de la détérioration des conditions de vie des pauvres (qu'ils soient qualifiés de relativement pauvres ou d'extrêmement pauvres) à l'introduction de mesures de stabilisation et de programmes d'ajustement structurel par le FMI et la Banque mondiale à partir du début des années 1980.

La critique externe[14] et les coûts sociaux de l'ajustement

L'opinion voulant que les politiques d'ajustement structurel aient aggravé la pauvreté dans les pays en développement s'est mise à « circuler » dans quelques organisations onusiennes à partir de 1983. Il a cependant fallu plus de quatre années pour que la critique de l'ajustement, composée notamment du Fonds des Nations unies pour l'enfance (UNICEF), du Bureau international du travail (BIT), d'auteurs et de gouvernements opposés à ces mesures, fasse « réagir » la Banque mondiale.

La critique externe ne se limite pas à l'analyse de l'UNICEF. Cette institution est toutefois généralement reconnue pour présenter le discours dominant de la critique des coûts sociaux de l'ajustement. Mais cette critique a évolué au cours des années et plusieurs auteurs ont complété et même questionné l'analyse faite par l'UNICEF (Gibbon, 1992). De son côté, le BIT est resté très actif au cours des années 1980 et 1990 dans la critique de la dégradation des conditions d'emploi, en particulier dans les zones rurales des pays en développement. Son analyse a considéré, de façon toujours plus explicite, comment les programmes d'ajustement structurel contribuaient à cette dégradation (BIT, 1990). Le PNUD, avec son rapport annuel sur le développement humain dans le monde, s'applique a démontrer depuis 1990 que l'abondance n'empêche pas la qualité de vie des individus d'être médiocre. Pour cette institution, la croissance économique, considérée comme une fin en soi dans le cadre de l'ajustement structurel, sert un objectif bien différent du développement humain (PNUD, 1996). Ces préoccupations sont partagées par la CNUCED dont l'analyse s'est penchée sur l'effet inducteur de pauvreté que pouvait présenter les politiques d'ajustement (UNCTAD, 1994). La critique des coûts sociaux demeure donc plurielle. Cependant, la plupart des auteurs (y compris ceux des organisations de Bretton

[14] Nous qualifions la critique d'« externe » au sens où le discours et les analyses formulées ne proviennent pas du FMI ou du groupe de la Banque mondiale, même s'il existe à l'intérieur de ces institutions plusieurs courants de critiques qui ne feront pas l'objet de notre analyse.

Woods) s'accordent pour dire, à tort ou à raison, que c'est l'UNICEF qui fut la première à réunir les données et l'analyse nécessaires au soutien d'un certain consensus sur l'impact négatif que peuvent avoir les programmes d'ajustement sur les plus pauvres.

De l'ajustement structurel à l'ajustement au visage humain : les années 1984 à 1987

Le rapport de 1984 de l'UNICEF sur l'ajustement à visage humain (éventuellement publié en 1987) marque sans aucun doute une première étape importante dans la « sensibilisation » de la Banque mondiale aux coûts sociaux de l'ajustement et à la nécessité pour l'institution de faire une plus grande place à la lutte contre la pauvreté. L'UNICEF n'est peut-être pas la première organisation à identifier un lien de cause à effet entre les mesures d'ajustement et l'augmentation de la pauvreté. La plupart des organisations non-gouvernementales oeuvrant dans les pays du tiers-monde se sont très vite inquiétées des effets potentiellement négatifs des mesures d'ajustement sur les pauvres. Il demeure que la critique de l'UNICEF reste, du moins pour les principaux intéressés (FMI, Banque mondiale), la source intellectuelle la plus influente concernant la dénonciation des coûts sociaux de l'ajustement[15].

Les critiques de l'UNICEF tirent leur origine de divers éléments liés aux conditions économiques difficiles qui prévalaient au début des années 1980 et que nous avons évoquées au premier chapitre. À cette époque, plusieurs

---

[15] La Banque mondiale décrit l'influence de l'UNICEF en ces termes : « Ce livre [*L'Ajustement à visage humain*] a eu un impact extraordinaire. Ce fut certainement l'un des ouvrages les plus percutant de la décennie, et peut-être même de plusieurs décennies. Sa thèse principale a rapidement été reçue comme une doctrine. Peu de mois après sa publication, la Banque a prononcé un *mea culpa* public ; ses représentants par exemple ont plaidé coupable lors de la conférence de Khartoum en janvier 1988, à l'accusation voulant que les coûts sociaux et l'impact sur les pauvres ont été négligés dans les programmes d'ajustement structurel de la Banque mondiale. » (World Bank, 1994a : 2) Traduction libre.

bureaux de l'UNICEF sur le terrain avaient relevé des signes de détérioration de la condition de vie des enfants dans plusieurs pays, particulièrement en Afrique subsaharienne et en Amérique latine, notamment au niveau de la nutrition. Dans son rapport annuel de 1981 sur la situation de l'enfance dans le monde, l'UNICEF exprimait cette conclusion : « Il semble que les attentes placées dans le développement et les espoirs de voir une fin à la pauvreté massive n'a jamais atteint un plus bas niveau qu'aujourd'hui... [1981] était une autre année « d'urgence silencieuse »... vraisemblablement, encore plus d'enfants mourront cette année. » (Jolly, 1991 : 1809) Traduction libre.

Cette situation a poussé l'institution à décider, en 1982, de mener une étude sur « l'impact de la récession mondiale sur les enfants ». Dès 1983, une équipe était chargée de se pencher sur l'étude de cas regroupant quatre pays à faible revenu, six pays à revenu intermédiaire et deux pays industrialisés. On visait l'élaboration de conclusions sur l'impact possible que représentait la récession sur les enfants en vue d'exposer un plan d'action pour freiner le recul de leurs conditions de vie. Les résultats de cette étude furent reproduits dans le rapport de 1984 de l'UNICEF sur la situation de l'enfance dans le monde, et relevait une détérioration des conditions de vie des enfants et des femmes, en particulier chez les groupes les plus pauvres et dans les pays à faible revenu.

L'UNICEF a identifié trois raisons pour expliquer ce recul. D'abord, la production nationale brute des pays les plus pauvres aurait souffert d'un impact négatif important, dû notamment à la baisse de la production des pays industrialisés et à la détérioration des termes de l'échange. Ensuite, cet impact négatif de la récession mondiale aurait touché les pauvres, en particulier au sein des pays en développement, surtout dans les régions rurales qui sont défavorisées par rapport aux régions urbaines à cause de leur poids politique négligeable. Enfin, l'impact de la récession affecterait encore davantage les enfants, en partie parce que chez les familles les plus pauvres le taux de natalité est souvent plus élevé, rendant les conditions de vie de chaque membre de la famille plus précaires.

Ces constatations, basées sur des observations faites sur le terrain, ont poussé l'UNICEF à formuler un lien de cause à effet non seulement entre la récession mondiale du début des années 1980 et la détérioration des conditions de vie des plus pauvres, mais aussi entre l'accroissement de la pauvreté et les moyens envisagés à l'époque pour remédier à la récession économique dans les pays du tiers-monde, principalement à partir de mesures de stabilisation et d'ajustement structurel.

Dans son ouvrage *L'Ajustement à visage humain*, l'UNICEF reprend et complète la démarche qu'il avait entreprise au début des années 1980 (Cornia, Jolly, Stewart, 1987). Ayant concentré sa recherche sur l'étude de cas de plusieurs pays en développement[16], l'UNICEF dénonce le caractère récessif des mesures d'ajustement qui entraînent les pauvres à travers des conditions encore plus précaires que celles qui prévalaient auparavant. Il note, en effet, les implications sociales de mesures qui ne semblent miser que sur la réalisation d'objectifs macroéconomiques.

En montrant que le bien-être des enfants s'est détérioré dans la plupart des pays d'Afrique subsaharienne entre 1980 et 1985, l'UNICEF dénonce le recul dans les dépenses sociales de la part des pays soumis à l'ajustement structurel à un moment où ils en ont le plus besoin. L'institution note en effet une baisse de la ration alimentaire durant cette période, montrant par exemple qu'au Ghana, la disponibilité alimentaire (en pourcentage des besoins) était tombée de 88% à 68% de la fin des années 1970 au début des années 1980. Dans ce même pays, la forte réduction du personnel et l'augmentation des coûts a entraîné, jusqu'à concurrence de 11% par année, une baisse de la fréquentation des établissements sanitaires entre 1979 et 1984 (Cornia, Jolly, Stewart, 1987 : 34-35). Au niveau de l'éducation primaire, le départ d'enseignants qualifiés et l'augmentation des frais de scolarité ont contribué à la régression du taux d'inscription des enfants au primaire, renversant ainsi la tendance observée au cours des années 1970.

La détérioration de plusieurs indicateurs sociaux relevée par l'UNICEF au cours de la première moitié des années 1980 concorde avec la lecture des principaux indicateurs sociaux et

---

[16] Un second volume comprend dix études de cas sous forme miméographiée (Botswana, Ghana, Zimbabwe ; Philippines, Corée du Sud, Sri Lanka ; Sao Paulo (Brésil), Pérou, Chili et Jamaïque).

la régression dans les dépenses sociales globales entre 1980 et 1990, tel que nous l'avons présenté plus tôt dans ce chapitre. Comme l'ont fait d'ailleurs d'autres auteurs (Hugon, 1989 ; Morasse, 1991), la détérioration des conditions de vie peut se généraliser à l'ensemble de la décennie 1980, du moins pour la région de l'Afrique subsaharienne[17].

Mais pour l'UNICEF, comme pour l'ensemble des auteurs d'ailleurs, la cause originale de la détérioration des conditions de vie des enfants et des pauvres reste d'abord la récession économique apparue au début des années 1980. Les mesures d'ajustement – qui s'attaquent aux symptômes de la crise - sont conçues pour rééquilibrer les budgets, réduire le déficit de la balance des paiements et « libérer » l'économie, mais elles apparaissent ici comme un « facteur aggravant » une situation déjà déplorable. En fait, ce que l'UNICEF met en relief, et ce que d'autres critiques évoqueront aussi plus tard (Singer, 1989 ; Stein et Nafziger, 1991), c'est que le contexte de stabilisation et d'ajustement, introduit au même moment que la récession, implique un changement d'objectif fondamental du développement dans la direction opposée aux préoccupations de lutte contre la pauvreté formulées par la Banque mondiale au cours des années 1970[18]. On implore donc un « retour » au

---

[17] Pour certains pays, les conclusions sont claires : « Il est maintenant évident en Tanzanie que les programmes d'ajustement structurel ont fait et continuent de faire plus de mal que de bien à la population en général. Dans le secteur de la santé en particulier, le droit fondamental à la santé est menacé, avec comme résultat une souffrance exacerbée des femmes et des enfants. [...] Pour l'instant, le gouvernement cherche les moyens d'introduire des frais d'utilisation dans le secteur de la santé. Puisque les conditions précaires de la population apparaissent déjà clairement, ce genre de politique ajoute une insulte à une situation déjà déplorable. Les politiques d'ajustement structurel ont eu un goût amer en Tanzanie. Elles ont apporté une réelle souffrance, augmenté les risques de maladie et ont passablement réduit l'accès aux services de santé pour les pauvres en général et particulièrement pour les femmes et les enfants. » (Lugalla, 1995 : 51-52) Traduction libre.

[18] La Banque admettait, en 1986, que ses priorités financières avaient changé au détriment de l'objectif de lutte contre la pauvreté (Stein et Nafziger, 1991). Sur cette question, Jonathan Sanford (1988a : 261) est clair : « La question principale que pose la critique est quelle place possède la lutte contre la pauvreté dans les politiques de la Banque

développement axé sur les besoins humains plutôt que sur des préoccupations strictement économiques :

> La surveillance du processus d'ajustement est exercée en fonction d'une série limitée de critères d'efficacité (taux d'accroissement de la masse monétaire, déficit budgétaire en tant que pourcentage du PNB, montant des crédits bancaires à l'économie, etc.) sans guère se préoccuper ou sans se préoccuper du tout des résultats de l'économie réelle ou des variables du bien-être telles que les revenus des pauvres ou le taux de malnutrition. (Cornia, Jolly, Stewart, 1987 : 62).

En fait, le discours critique dominant que présente l'UNICEF entre 1984 et 1987 ne s'oppose ni au principe de l'ajustement ni à l'objectif de relance de la croissance, au contraire. Il demande par ailleurs que la lutte contre la pauvreté soit *intégrée* aux programmes d'ajustement, et que le FMI et la Banque mondiale soient « sensibles » aux conséquences possibles de leurs mesures de redressement financier et de libéralisation économique sur les plus démunis. Il importe de rappeler que les premiers programmes de stabilisation et d'ajustement, conçus principalement par le FMI, misaient sur le court terme et prônaient des mesures restrictives de la demande, avec pour résultat un effet récessif décuplé, particulièrement chez les extrêmement pauvres.

En plus de ce caractère récessif et du peu de temps alloué à la réalisation des objectifs, la critique identifie trois effets *directs* des mesures d'ajustement sur la pauvreté. D'abord, l'UNICEF fait ressortir les coupures opérées aveuglément dans les dépenses de santé. Ensuite, il déplore la réduction des subventions alimentaires résultant le plus souvent de

---

mondiale. [...] Les critiques craignent que d'autres priorités – croissance, ajustement structurel, promotion des exportations – fassent maintenant l'objet d'un plus grand intérêt puisque les cadres supérieurs de la Banque n'ont pas porté à la question de la pauvreté beaucoup d'attention. Trop d'emphase a été mis sur l'ajustement structurel, les réformes politiques et les problèmes de la dette. Les cadres supérieurs prétendent que l'objectif de recul de la pauvreté est un objectif à atteindre, mais il est généralement présenté comme une des multiples préoccupations de l'institution. Puisque, selon la critique, les autres préoccupations héritent habituellement d'une plus grande détermination, les employés de la Banque placent la pauvreté en second lorsqu'ils ont à choisir parmi les priorités de l'institution dans la formulation de leur programme. » Traduction libre.

l'annulation, suite à un effort global de réduction du déficit budgétaire, de programmes financés par les fonds publics. Enfin, de fortes hausses de prix des denrées alimentaires, le plus souvent dues à l'augmentation des prix à la production ou à la dévaluation monétaire, peuvent selon l'UNICEF provoquer ou aggraver la malnutrition des pauvres. Dans l'ensemble, les programmes d'ajustement structurel mis en place durant la première moitié des années 1980 sont donc identifiés comme une source d'accroissement de la pauvreté[19].

Ces constatations, tirées de l'observation sur le terrain de dix pays en développement, ont amené l'UNICEF à formuler ses propres recommandations, sa vision d'un *ajustement à visage humain* à partir de six principaux éléments. On prône premièrement l'utilisation de politiques macroéconomiques plus expansionnistes. Au lieu de miser sur une restriction de la demande, on préfère favoriser une augmentation de l'offre dans le but de soutenir le niveau de production, encourager l'investissement et on mise plutôt sur la satisfaction des besoins humains. Deuxièmement, l'UNICEF suggère le recours à des politiques mésoéconomiques visant la considération des besoins des groupes vulnérables en encourageant la relance de la croissance économique dans le contexte de ressources limitées que représente la situation d'ajustement. Les politiques mésoéconomiques misent sur une relance de la croissance, en se préoccupant d'améliorer l'effet des variables macroéconomiques sur l'affectation des ressources ou la répartition du revenu en vue d'une meilleure réalisation des priorités, particulièrement des besoins humains. Ces politiques visent donc à s'assurer que les groupes vulnérables seront considérés et protégés au moment de

[19] Comme le note d'ailleurs l'UNICEF : « Tout bien considéré, les politiques d'ajustement en vigueur ont globalement tendance à avoir des effets inducteurs de pauvreté et les mesures spécifiques ont également une influence négative, ce qui suscite de graves préoccupations quant à l'influence de ces mesures sur la qualité de la vie, surtout pour les groupes vulnérables, particulièrement lors de la période initiale d'un programme, c'est-à-dire pendant le temps nécessaire pour que les mesures d'expansion de l'offre commencent à porter leurs fruits. » (Cornia, Jolly et Stewart, 1987 : 79-80).

l'élaboration et de la mise en place des programmes d'ajustement.

Troisièmement, l'*ajustement à visage humain* mise sur l'utilisation de mesures sectorielles dans le but d'assurer la restructuration du secteur productif afin de favoriser la participation des plus pauvres. Pour l'UNICEF, ces mesures visent à promouvoir les chances, les ressources et la productivité dans le secteur de la petite entreprise, tant dans l'agriculture que dans l'industrie et les services. Quatrièmement, on vise l'utilisation de mesures pour accroître l'équité et l'efficacité dans le secteur social. L'UNICEF prône une réorientation des ressources et des efforts – traditionnellement consacrés à des secteurs dispendieux qui ne répondent pas à des besoins essentiels – en faveur des services de base à faible coût, en plus d'améliorer le « ciblage » des interventions pour rejoindre les plus pauvres.

Dans le même ordre d'idée, le cinquième élément intégré à cette vision nouvelle de l'ajustement repose sur la création de programmes compensatoires visant à protéger les normes essentielles de vie, de santé et de nutrition des groupes à faible revenu durant la période d'ajustement. Ces programmes pourraient comprendre des mesures d'embauche à court terme dans des travaux publics, dans le but de maintenir un revenu minimum, ou utiliser des subventions alimentaires dirigées vers les groupes les plus vulnérables. Enfin, le sixième élément évoqué par l'UNICEF pour minimiser l'effet négatif de l'ajustement sur les plus pauvres concerne le suivi systématique du niveau de vie, de la santé et de la nutrition des groupes les plus vulnérables durant la période d'ajustement. Ce *monitoring* réalisé par les organisations internationales impliquées dans l'ajustement et la lutte contre la pauvreté (FMI, Banque mondiale, UNICEF, FAO, etc.) permettrait de réagir rapidement à une dégradation du niveau de vie observé dans un pays ou une région en particulier, et encouragerait, à plus long terme, une planification stratégique de lutte contre la pauvreté.

La démarche et les recommandations du rapport de l'UNICEF ne font pas l'unanimité des critiques de l'ajustement. L'organisme reprend en effet l'essentiel des propositions contenues dans le *Rapport sur le développement dans le monde 1980* de la Banque mondiale elle-même

(Gibbon, 1992). Dès le milieu des années 1980, il pose cependant les jalons d'une nouvelle approche que vont s'approprier tour à tour le FMI et la Banque mondiale, et qui tente d'allier la réalité des difficultés économiques avec la volonté de lutter contre la pauvreté dans les pays en développement.

La fin des années 1980 et l'évolution de la critique : la Banque mondiale au banc des accusés

La Banque mondiale n'a pas tardé à réagir à cette première génération de critiques et les fondements de ses réponses seront d'ailleurs analysés en détail au prochain chapitre. Dans l'ensemble, l'institution s'est appliquée à reconnaître que la lutte contre la pauvreté était un objectif fondamental à poursuivre et que les politiques d'ajustement n'entraient pas en contradiction avec cet objectif.

En fait, pour la Banque, la poursuite des mesures d'ajustement qui favorisent une relance de la croissance est une étape essentielle à une stratégie efficace de lutte contre la pauvreté. C'est pour cette raison que la croissance économique est au coeur de l'ajustement structurel et que l'efficacité de ces programmes passe par des priorités économiques. Pour Robert S. McNamara (président de la Banque de 1968 à 1980), la lutte contre la pauvreté passait par une redistribution du revenu et l'utilisation de ressources visant les pauvres en particulier. Ses deux successeurs au cours des années 1980, A. W. Clausen (1981-86) et Barber Conable (1986-91), sont identifiés par la critique comme étant davantage tournés vers la promotion de la croissance avant tout et à tout prix, sur des bases néolibérales[20].

---

[20] Comme l'affirme Peter Gibbon (1992 : 198), « À la Banque mondiale [les politiques néolibérales] devinrent dominantes sous le successeur de McNamara, l'ex-banquier A.W. Clausen. Sa présidence fut caractérisée par un cadre d'analyse néolibéral que l'ont pourrait très vaguement associer à un “ modèle de développement ” puisqu'il s'appuie sur le rejet implicite de toute considération du “ développement ” sur lequel un tel modèle devrait s'appuyer. La sociologie et l'économie du

Malgré l'assurance répétée de la Banque que le recul de la pauvreté restait un objectif prioritaire, la critique de la fin des années 1980 s'inquiète du fait que l'institution fasse de la lutte contre la pauvreté un objectif de second ordre, bien après celui de la relance de la croissance, de la libéralisation de l'économie et de la promotion des exportations. Si la critique de l'UNICEF a montré que des politiques davantage axées sur la croissance sont préférables à des politiques de restriction de la demande, cette institution, par opposition aux organismes multilatéraux de financement, a raisonné dans une perspective de redistribution sociale et d'équité[21]. Après les premiers programmes « récessifs » élaborés par le FMI au début des années 1980, les institutions de Bretton Woods, en particulier la Banque mondiale, ont très vite identifié le rétablissement de la croissance (pas nécessairement redistributive) comme une condition *sine qua non* à tout effort de lutte contre la pauvreté, laissant entier le débat sur la question.

---

développement ont toutes les deux été rejetées à l'accusation qu'elles favorisaient la mise en place de sociétés et d'économies fonctionnant à partir de règles fondamentalement différentes de celles qui régissent les pays " avancés ". [...] De plus, la période de 1981 à au moins 1987 ou 1988 a été marquée par la disparition ou le rejet de plusieurs idées reconnues au cours de la décennie précédente. » Traduction libre.

[21] Pour Frances Stewart (1991 : 1861), « [...] les politiques d'ajustement ne visent pas systématiquement un mode équitable de production et de distribution du revenu de base. En fait, c'est la croissance du revenu de base auprès des ménages à faible revenu qui, à long terme, sera le plus efficace pour combattre la pauvreté. La croissance équitable nécessite cependant des changements – incluant une réforme agraire, une réforme du crédit et une réforme technologique – qui ne sont généralement pas inclus dans la série de mesures, bien que certaines d'entre elles accroissent en fait les inégalités (par exemple, miser sur les denrées d'exportation, encourager des multinationales, couper dans les infrastructures publiques et dans l'éducation.) » Traduction libre.

Tableau 2.3 : Évolution des prêts de la Banque mondiale, de 1980 à 1995, par type de prêts en pourcentage du montant total, avec taux d'accroissement annuel moyen (TAAM, moyenne géométrique)

TYPES DE PRÊTS	1980	1985	1990	1995	TAAM 80-90	TAAM 90-95
Hors projet[a]	4,7	5,2	17,9	21,6	14,3%	3,8%
Développement social[b]	40,6	39,3	33,9	33,7	-1,8%	-0,1%
Infrastructures, industries et investissement[c]	54,7	55,5	51,8	44,7	-0,5%	-2,9%
Total des prêts[d]	11,5	14,4	20,7	22,5	6,1%	1,7%

Source : Rapports annuels de la Banque mondiale, de 1980 à 1995.

[a] Regroupe les prêts hors projet, les prêts pour la gestion du secteur public (pour 1990 et 1995), et l'assistance technique qui, comme l'affirme Jonathan Sanford, sert le plus souvent à accroître la capacité des pays débiteurs à mieux gérer les efforts d'ajustement.

[b] Inclut les prêts à l'agriculture et au développement rural ; alimentation en eau et assainissement ; éducation ; population, santé et nutrition.

[c] Regroupe les prêts pour les secteurs de l'énergie ; l'industrie ; les petites entreprises ; les télécommunications ; les transports ; le développement urbain ; les sociétés financières de développement.

[d] Prêts arrondis en milliards de dollars des É.-U., accordés par la Banque pour la reconstruction et le développement et l'Agence de développement international.

Étant donné l'orientation des prêts avancés dans le cadre des politiques d'ajustement au cours des années 1980 et 1990 (voir le tableau 2.3), la critique s'inquiète de voir une diminution dans le financement des programmes sociaux et des projets orientés vers une réduction de la pauvreté au profit de mesures qui touchent l'ajustement :

> [Les critiques] se plaignent de l'augmentation du financement hors-projet qui n'accroît pas la capacité de production du pays débiteur. Trop souvent, les fonds sont utilisés pour rembourser les créditeurs et pour inciter les pays endettés à appliquer des changements de politique plutôt que d'aider au financement de nouvelles activités productives. (Sanford, 1988a : 264-265) Traduction libre[22].

Devant la réalité des coupures dans les subventions et les dépenses sociales observées tout au long des années 1980 et 1990, la critique note que la Banque mondiale semble encore davantage favoriser un renforcement du secteur privé et la promotion d'une économie « ouverte » au lieu de venir en aide aux groupes les plus pauvres. En fait, mis à part un changement observé dans la rhétorique, on constate, à la fin des années 1980, que les prêts de la Banque mondiale sont toujours déterminés par des facteurs macroéconomiques et des facteurs d'équilibre budgétaire, plutôt que par les besoins humains des pays en question. À la lecture du tableau 2.3, on peut en effet constater que les prêts hors projet ont quintuplé en quinze ans, augmentant en moyenne d'environ 15% chaque année au cours de la décennie 1980, tandis que les ressources financières pour le développement social étaient loin d'avoir rejoint, en 1995, le niveau de 1980 en pourcentage du montant total.

Après plus de quinze ans d'ajustement, sommes-nous revenus à la case départ du point de vue de la critique ? Il semble que non. N'oublions pas qu'au début des années 1980, les mesures envisagées pour répondre à la crise visaient principalement une contraction de la demande avec comme

---

[22] Sanford relève, à ce sujet, un exemple particulièrement intéressant (p. 272) : « Les critiques donnent l'exemple d'un prêt de 350 millions de dollars dans le secteur de l'agriculture, octroyé en 1986 par la Banque à l'Argentine, à condition que le pays coupe sa taxe à l'exportation de produits agricole. Le prêt n'aura contribué à créer aucun nouvel équipement, le pays se sera engagé dans une politique dont l'intérêt était de toute façon démontré, et l'argent fut déposé dans les coffres de la Banque centrale du pays pour le paiement de ses dettes. Tout ceci portait le nom de prêt au secteur de l'agriculture, soulignent les critiques, mais représentait en fait un soutien à la balance des paiements. » Traduction libre.

résultat attendu un rééquilibre budgétaire, mais aussi un effet récessif amplifié. Après la critique de l'UNICEF et celles des auteurs qui ont suivi, la Banque mondiale a au moins changé de discours et envisagé de nouvelles actions (nous le verrons en détails au chapitre suivant). Elle l'a fait en réaffirmant que la lutte contre la pauvreté restait primordial, mais aussi en envisageant, à l'instar des propositions de l'UNICEF, des programmes compensatoires visant, dans la mesure du possible, à protéger les pauvres des effets éventuellement négatifs de l'ajustement. Mais ces changements dans les actions de la Banque, qui font suite à la critique des coûts sociaux de l'ajustement, semblent peu convaincants[23]. Témoignent-ils d'une transformation réelle des *a priori* qui sous-tendent le modèle de développement de l'institution ? La critique des années 1990 semble loin d'en être convaincue.

Renouvellement et reformulation de la critique depuis le début des années 1990 : le blocage d'un modèle

Le *Rapport sur le développement dans le monde 1990* de la Banque mondiale a fait état d'une négligence de sa part sur les questions sociales au cours des années 1980 et propose un changement de ses politiques pour la décennie suivante. Ces nouvelles politiques, basées sur la réalisation d'objectifs généralement vagues au cours des années 1990, se prêtent bien à un renouvellement de la critique. En effet, entre 1985 et l'an 2000, la Banque mondiale prévoit une réduction d'un tiers du taux de mortalité des enfants de moins de cinq ans dans les pays en développement. Les prévisions pour l'Afrique subsaharienne restent cependant peu encourageantes à ce niveau avec une valeur moyenne de 136 décès pour 1000 enfants en l'an 2000 (en comparaison à une moyenne de 185 en 1985). Si l'institution mise sur une amélioration substantielle des indicateurs sociaux en Asie et en Amérique latine (réduction

---

[23] Comme l'expriment certains auteurs : « Pour être nuancé, le contenu de ce que propose la Banque mondiale comme stratégie de lutte contre la pauvreté ne peut inspirer confiance auprès des tenants de l'ajustement à visage humain. » (Singer, 1989 : 1314) Traduction libre.

de la pauvreté de 50% en moyenne de 1985 à l'an 2000), l'Afrique subsaharienne reste la région où l'amélioration des conditions de vie sera la moins prononcée d'ici la fin du siècle (une réduction de la pauvreté de seulement 8% est prévue dans cette région) (World Bank, 1990a). Au delà de ces pronostics qui s'appuient généralement sur une définition économique de la pauvreté, l'institution vise aussi l'accès universel à l'eau potable, à l'éducation de base, en plus de la réduction de moitié du taux d'analphabétisme et l'amélioration de la protection des enfants, en particulier durant les conditions difficiles (notamment en cours d'ajustement).

Même si la critique reconnaît ces objectifs comme un retour de la Banque à considérer la pauvreté comme préoccupation majeure, elle note cependant que ceux-ci restent vagues, que leur formulation n'est pas le résultat d'un consensus ni d'une consultation conséquente auprès des intervenants du milieu, et que peu de ces objectifs sont accompagnés d'un programme d'action pour les institutions internationales et les gouvernements nationaux concernés. Ces préoccupations sont d'autant plus pertinentes que l'évolution mitigée des indicateurs sociaux observée au cours des années 1980 et 1990 nous oblige à rester très critique quant au réalisme des objectifs énoncés par la Banque dans son *Rapport sur le développement dans le monde 1990*, du moins pour l'Afrique subsaharienne. Comme l'affirme à ce sujet la Banque africaine de développement (1995 : 259) :

> Si certains pays ayant adopté des programmes d'ajustement durant les années 80 pouvaient, une décennie plus tard, faire ressortir quelques progrès réalisés dans les domaines budgétaires et monétaires ainsi qu'au niveau de leur balance des paiements, rares sont ceux par contre qui étaient en mesure de montrer, avec tant soit peu d'assurance, une nette amélioration de la situation des communautés démunies et vulnérables.

Dans ces conditions, la critique déplore le fait que la lutte contre la pauvreté se trouve encore en marge d'un processus d'ajustement économique qui demeure prioritaire pour la Banque mondiale. Cette situation pousse la critique à revendiquer une *intégration* des besoins humains aux politiques de l'institution, en plus d'*adapter* les programmes d'ajustement de telle façon qu'ils incluent de véritables objectifs sociaux au lieu de simplement les greffer à l'ajustement dans le but « d'éviter le pire » aux groupes les plus pauvres :

> Les institutions de Washington sont évidemment conscientes des coûts de l'ajustement, de la nécessité de « contribuer à élaborer des programmes compensatoires visant les populations affectées » (Banque Mondiale 1986) et d'élaborer une seconde génération de programmes d'ajustement structurel. Il paraît urgent de revenir aux objectifs prioritaires de lutte contre la pauvreté des années 1960, d'inverser l'ordre des priorités et de relier les objectifs sociaux et le développement aux objectifs d'équilibrage financier. [...] La faiblesse des résultats des programmes d'ajustement dans un contexte de crise internationale doit conduire à renverser les séquences et à faire de l'amélioration des ressources humaines une des conditions essentielles du développement économique. Dans une optique développementaliste la question n'est pas de rajouter du social aux équilibrages (le visage humain), ni de compenser les coûts de l'ajustement par des mesures sociales, mais d'inverser les séquences social-économie-finance. (Hugon, 1991 : 30-31).

Le début des années 1990 voit donc émerger une reformulation de la critique. De la dénonciation des coûts sociaux de l'ajustement, mouvement amorcé par l'UNICEF au cours des années 1980, on finit par critiquer directement le modèle de développement de la Banque en ne proposant pas seulement « d'humaniser » l'ajustement, mais en visant un changement fondamental dans la séquence des priorités et dans les *a priori* des institutions internationales de crédit.

La Banque mondiale a partiellement répondu à cette préoccupation depuis la fin des années 1980 avec l'élaboration de « programmes intégrés d'ajustement économique et social » basés sur ce que la Banque appelle les « Dimensions sociales de l'ajustement » (DSA). Ces programmes se veulent en quelque sorte une démonstration du fait que la lutte contre la pauvreté reste un objectif central de l'institution et la promesse d'une série d'actions répondant à la critique. Mais les résultats se font toujours attendre.

Après avoir calmé certaines inquiétudes de l'UNICEF par l'implantation de mesures moins déflationnistes et par l'établissement d'un échéancier plus long pour réaliser les objectifs de l'ajustement, la critique des années 1990 constate que les politiques sectorielles de la Banque restent basées sur des objectifs économiques qui ne visent ni la redistribution, ni les changements importants dans la condition de vie des pauvres (PNUD, 1996). Elle constate de plus que le principe des mesures mésoéconomiques semble avoir été accepté par la Banque (World Bank, 1990a) mais que son implantation demeure faible. De plus, les programmes de compensation mis en place par l'institution restent en général décevants et les programmes d'ajustement tardent toujours à placer la lutte contre la pauvreté en priorité.

Pour certains auteurs du début de la décennie, comme Frances Stewart (1991 : 1858), « ni le FMI ni la Banque mondiale n'ont changé significativement les assises de leurs politiques, tels le choix des mesures, l'équilibre des stratégies utilisées ou la séquence d'implantation. » (Traduction libre). On reconnaît les efforts de la Banque dans la formulation de programmes compensatoires tels qu'envisagés par les « dimensions sociales de l'ajustement », mais cela ne suffit pas :

> La vraie question, cependant, est de savoir si le concept actuel d'ajustement devrait demeurer tout en l'adaptant aux nouvelles réalités. Nous ne croyons pas. Nous croyons qu'il existait une longue série d'importants changements de politiques qui furent abandonnés au moment où les mesures d'ajustement se généralisèrent. Ces changements visaient des transformations structurelles en maintenant une attention au sujet des besoins fondamentaux. [...] Malgré les changements dans la façon de penser, les prêts à l'ajustement et les *stand-by credit* sont toujours déterminés à partir du même cadre d'analyse en utilisant la même terminologie. (Van Der Hoeven, 1991 : 1843) Traduction libre.

Suivant une décennie 1990 riche de réflexions et de recherches sur la pauvreté, entre autres réactions de la Banque mondiale à la critique des coûts sociaux de l'ajustement, plusieurs auteurs, tels John Mihevc (1995), Béatrice Hibou (1998) et Bonnie Campbell (1998), pour ne nommer que ceux-là, ont relevé la rigidité du modèle économique sous-jacent, malgré des préoccupations sociales superficielles. Bonnie Campbell note que la Banque mondiale s'est appliquée plus que jamais durant cette période à envahir le champ socio-politique en affirmant sa place centrale dans la production de cadres normatifs, particulièrement avec la publication du rapport sur le développement dans le monde en 1997. Ces nouvelles normes, que nous évoquerons au chapitre IV, présentent toujours la redistribution sociale en marge des mesures économiques plutôt qu'intégrée à leur conceptualisation.

Les *a priori* conceptuels de la Banque mondiale ne semblent donc pas avoir changé au cours des quinze dernières années. Malgré une reformulation du discours de l'institution en faveur de la pauvreté, seuls certains programmes compensatoires ont été entrepris, laissant les nouvelles mesures « d'ajustement économique et social » sans lendemain. Les années 1990 sont aussi caractérisées par la détermination de la Banque mondiale à vouloir convaincre ses détracteurs du bien-fondé de sa démarche, utilisant autant d'efforts de relations publiques que d'analyses théorique et empirique pour y arriver.

CHAPITRE III

LES RÉPONSES DE LA BANQUE MONDIALE À LA CRITIQUE : MIRAGE OU RÉALITÉ ?

Nous avons vu comment la critique a évolué depuis le premier rapport de l'UNICEF en 1984. Au cours des quinze dernières années, les conditions économiques ont évolué et les programmes d'ajustement de la fin des années 1990 sont bien entendu différents de ceux élaborés au début des années 1980. Mais quelles sont ces différences ? La Banque mondiale a-t-elle réellement effectué un virage dans la séquence de ses priorités, comme le voudrait la critique des années 1990, ou s'est-elle plutôt concentrée à adapter ses programmes pour répondre aux préoccupations et aux pressions de la critique (surtout celle de l'UNICEF) sans remettre en cause le modèle néolibéral sous-jacent ? Voilà ce que nous proposons d'analyser à partir des réponses formulées par l'institution.

À partir de ce que nous avons présenté au chapitre précédent, il est possible d'identifier trois principales critiques des coûts sociaux qui conditionnent les réponses de la Banque et qui s'inscrivent dans la logique du modèle de développement qu'elle défend : 1) l'ajustement structurel génère des effets négatifs sur les pauvres, notamment à cause d'une baisse des dépenses sociales dans les pays sous ajustement ; 2) les programmes d'ajustement possèdent un caractère récessif important, avec l'augmentation des prix à la consommation et la coupure de subventions et d'investissements, et ainsi ne favorisent pas une croissance basée sur la redistribution sociale ; 3) l'introduction de programmes d'ajustement structurel fait de la lutte contre la pauvreté un objectif de second ordre pour la Banque mondiale, la plaçant loin derrière la relance de la croissance et le rétablissement des équilibres macroéconomiques.

La façon de percevoir la croissance économique reste donc centrale dans l'analyse que nous devons faire, et une attention particulière sera portée aux coûts sociaux que l'institution reconnaît être directement ou indirectement liés à ses programmes d'ajustement.

Les coûts sociaux de l'ajustement reconnus par la Banque

Avant d'analyser la façon dont l'institution a orienté son discours et ses actions depuis le rapport de l'UNICEF, il importe d'abord de montrer quels effets de l'ajustement sur les pauvres la Banque reconnaît. Il est vrai pour l'institution que durant les premières années de l'initiative d'ajustement, soit de 1981 à 1984, les responsables ne se sont pas beaucoup préoccupés des conséquences négatives que de tels programmes pouvaient avoir sur les pauvres (Ribe et Carvalho, 1990 ; Stein et Nafziger, 1991). L'ajustement devait être de courte durée et, même si certaines mesures occasionnaient des coûts, une relance rapide de la croissance devait profiter à toutes les couches sociales, y compris aux pauvres. Au milieu des années 1980 cependant, devant l'impossibilité d'une reprise économique rapide, trois types de « coûts de transition » ont été identifiés par la Banque comme inhérents à l'ajustement :

> Premièrement, les mesures d'ajustement visant à équilibrer l'offre et la demande globales ont généralement, mais pas inévitablement, pour effet de freiner la production, l'emploi et la consommation. Ce sont les coûts normalement associés à la récession. Deuxièmement, les changements apportés à la structure des incitations contribuent à redistribuer les ressources et, du même coup, les avantages liés aux divers secteurs et diverses branches d'activité. [...] Troisièmement, les difficultés et la lenteur avec lesquelles les ressources productives peuvent trouver de nouveaux emplois en réponse aux variations des prix relatifs contribuent également aux coûts. (Huang et Nicholas, 1987 : 22).

À partir des effets de l'ajustement identifiés par la Banque, on peut reconnaître certaines critiques élaborées par l'UNICEF. Le caractère récessif des mesures d'ajustement y est notamment reconnu et les difficultés liées aux politiques macroéconomiques, comme la hausse des prix, sont évoquées. Ces coûts qualifiés de « transition » sont cependant identifiés comme inévitables, voire nécessaires (Huang et Nicholas,

1987). En effet, pour la Banque mondiale, la nécessité de rétablir les équilibres budgétaires, d'orienter l'économie vers l'exportation et de promouvoir l'entreprise privée, oblige les pays en développement à faire des « sacrifices ». Dans ces conditions, les analystes de la Banque exprimeront clairement que l'ajustement produit naturellement des gagnants... et des perdants. Un problème majeur apparaît cependant lorsqu'une grande partie de la population se trouve constamment du côté des perdants.

Dans les analyses de l'institution, tous les pauvres ne perdent pas toujours lors du processus d'ajustement, au contraire. Six composantes des programmes d'ajustement sont identifiées comme ayant un impact (positif ou négatif) sur les services sociaux et les pauvres (Nicholas, 1988) : 1) la dévaluation monétaire et la promotion des exportations sont généralement reconnues pour favoriser l'agriculture d'exportation, au détriment de la population urbaine ; 2) la libéralisation des prix et la levée des subventions tendent à favoriser encore une fois les producteurs agricoles, mais affectent négativement les extrêmement pauvres ; 3) la réduction du personnel de la fonction publique crée ce que la Banque mondiale appelle des nouveaux pauvres, qui viennent augmenter les rangs de ceux qui doivent se trouver un emploi et dont les conditions de vie sont précaires ; 4) les coupures dans les salaires du secteur public (telles qu'observées au cours des années 1980 et 1990) réduisent le niveau de consommation des ménages et ont un effet sur la pauvreté ; 5) de tous les effets reconnus des programmes d'ajustement structurel, les coupures dans les services sociaux et/ou l'augmentation du prix de ces services (notamment dans le secteur de la santé et de l'éducation) occasionnent l'impact le plus dévastateur sur tous les « types de pauvres » identifiés par la Banque puisque, nous l'avons exposé au chapitre précédent, les pauvres sont fortement tributaires des services sociaux de base ; 6) les dépenses ciblées dans le but de protéger et d'aider les plus pauvres ont un effet jugé naturellement positif, mais ne sont pas systématiquement intégrées au programmes d'ajustement.

En fait, pour la Banque mondiale, la question des coûts sociaux de l'ajustement structurel peut se résumer de la façon suivante : même si l'institution reconnaît certaines conséquences sociales négatives de l'ajustement, la « preuve empirique » n'est pas faite que les coûts sociaux résultent davantage des mesures d'ajustement que des chocs externes (détérioration des termes de l'échange, protectionnisme des pays industrialisés, etc.) et d'une mauvaise gestion des gouvernements concernés. Depuis le début des années 1990, la Banque a développé la notion de bonne gouvernance, concept qui permet d'insister sur la responsabilité des gouvernements dans l'allocation des ressources (militaires à la place de sociales, par exemple). Sans prétendre que l'élite politique nationale ne doit pas assumer de responsabilités dans le choix des dépenses, certains critiques suggèrent que la Banque mondiale a littéralement envahi le champ du politique en le subordonnant à celui de l'économique :

> Tout comme Beckman le soutenait à la fin des années 80, il peut être démontré que les réformes proposées dans le Rapport 1997 représentent une tentative pour trouver des bases alternatives de légitimité interne, notamment face aux résistances populaires et nationales, à l'endroit des stratégies de réformes économiques préconisées par les Institutions de Bretton Woods. Car dans la mesure où les stratégies de relance économique préconisées s'attaquent aux modes de régulation politique et aux schémas de redistribution antérieurs, ces réformes provoquent une crise des capacités politiques des États, crise qui, par la même occasion, est une crise d'hégémonie idéologique, notamment de la légitimité des stratégies de réformes économiques. (Campbell, 1998 : 21).

Pour la Banque, la critique se fonde généralement sur des faits anecdotiques pour dénoncer les effets négatifs des programmes d'ajustement structurel (Zuckerman, 1989 ; World Bank, 1990b ; Banque mondiale, 1994 ; Demery et Squire, 1996). L'approche préconisée par l'OCDE qui alimente d'ailleurs la réflexion conceptuelle de la Banque mondiale dans l'élaboration des programmes d'ajustement témoigne du fossé qui sépare la critique externe de certaines institutions multilatérales dans l'analyse du phénomène de pauvreté :

> Le problème de la pauvreté est au coeur des débats sur les conséquences de l'ajustement. Quelle que soit la complexité de ce problème, quel que soit le nombre de facteurs en cause, une question simple, voire simpliste est toujours posée : l'ajustement n'a-t-il pas aggravé la pauvreté ? La réponse positive suggérée par des exemples de misère dans les quartiers les plus pauvres des grandes villes n'est pas une réponse scientifique. Si l'on traite ce

> sujet, il faut considérer l'ensemble du pays : il est possible que les conditions de vie d'un million de pauvres en zone rurale se soient améliorées tandis que l'on compte 200 000 nouveaux pauvres dans la capitale. D'autre part, l'évolution de la pauvreté dépend de nombreux facteurs : leur poids respectif doit être estimé et il faut calculer les conséquences d'un non-ajustement ou d'une politique d'ajustement avant de juger la politique choisie. (Bourguignon et Morrisson, 1992 : 48).

Cet *a priori* amène la Banque à élaborer deux mises au point sur l'existence des coûts sociaux eux-mêmes. Premièrement, étant donné la nature des programmes d'ajustement structurel qui misent sur la réorientation de la production nationale à partir de l'exportation de produits agricoles, les effets négatifs de l'ajustement concernent davantage les pauvres non possédants des régions urbaines, tandis que les pauvres ruraux participant à la culture d'exportation profitent d'un effet généralement positif. Nous aborderons cette question plus en détail dans les sections suivantes du présent chapitre. Deuxièmement, la Banque soutient que malgré certains effets négatifs que pourraient causer les mesures d'ajustement sur les pauvres, des effets encore plus négatifs auraient eu lieu sans ajustement. L'institution résume sa position en ces termes :

> Lorsqu'une économie doit s'ajuster aux chocs externes ou aux effets de mauvaises politiques, des coûts sociaux sont généralement inévitables à court terme. Même un programme d'ajustement bien conçu affecte négativement certains groupes, tout en favorisant la majorité, puisque l'ajustement implique généralement un changement des prix relatifs et la réduction de certaines dépenses gouvernementales. Lorsque des pauvres se trouvent parmi les perdants de l'ajustement, ils souffrent d'autant plus qu'ils se trouvent déjà au seuil de la survie. Bien que cette situation ne permet pas à la Banque de se complaire, il n'existe pas de preuve que les prêts à l'ajustement contribuent à accroître le fardeau global de la pauvreté. Au contraire, un ajustement ordonné, supporté par des prêts de la Banque, semble être moins coûteux pour la plupart des pauvres et la populace en général qu'un ajustement désordonné sans le support de la Banque. (World Bank, 1990b : 4) Traduction libre.

Dès lors, en réponse aux critiques des coûts sociaux de l'ajustement, les analystes de la Banque ne remettent pas en question la nécessité de s'ajuster, mais s'interrogent sur la meilleure forme d'ajustement à suivre, tout en reconnaissant la nécessité d'être plus attentif à l'impact social de ses mesures[24].

Les réponses de l'institution à la critique : pire que l'ajustement, c'est l'absence d'ajustement

Dans son rapport *Adjustment Lending Policies for Sustainable Growth* publié en 1990, la Banque mondiale identifie neuf principales critiques de l'ajustement qui, selon elle, sont loin d'être suffisamment sévères pour invalider le modèle sur lequel s'appuient les mesures d'ajustement. Trois de ces critiques concernent moins directement les coûts sociaux et ne seront donc pas considérées dans notre analyse, même si elles soulèvent des questions fort pertinentes[25]. Parmi les six que nous retenons, la Banque identifie comme une critique importante le lien de cause à effet entre les programmes d'ajustement et une aggravation de la pauvreté, en plus du caractère récessif de l'ajustement que nous avons déjà évoqué. Dans le discours de l'institution, l'aggravation de la pauvreté repose davantage sur les chocs externes et sur de mauvaises politiques économiques que sur les mesures utilisées pour y remédier.

Une autre critique recensée par la Banque, parmi les six retenues, dénonce la forte réduction du rôle de l'État encouragée par les programmes d'ajustement. Nous avons mentionné, au premier chapitre, qu'un des piliers du modèle de développement de l'institution repose non pas sur un retrait absolu de l'État de toutes les activités économiques (puisque

---

[24] C'est ainsi que, prenant notamment pour exemple la Côte-d'Ivoire, la Banque considère l'ajustement souhaitable malgré les coûts sociaux élevés, et le présente comme une réelle opportunité de réorienter les priorités dans les dépenses publiques en protégeant les programmes sociaux de lutte contre la pauvreté. (World Bank, 1988a : 29).

[25] Ces critiques sont les suivantes : 1) la Banque force les pays à entreprendre des réformes qu'ils n'auraient jamais choisies librement ; 2) les programmes d'ajustement de la Banque protègent les banques privées et ne sont pas profitables pour les pays emprunteurs ; 3) les réformes qui ne sont pas réellement bénéfiques pour un pays ne devraient pas être financées par la Banque.

pour accomplir l'ajustement il est souvent nécessaire que le gouvernement intervienne de façon importante), mais sur une valorisation du secteur privé, là où l'État est considéré moins efficace. La notion d'« efficacité » de l'État est centrale à l'analyse que fait la Banque du rôle de la politique. Le Rapport sur le développement dans le monde 1997 propose d'ailleurs « un cadre général pour aborder le problème de l'efficacité de l'État ». Selon le rapport, cette efficacité se réalise en ramenant l'État à sa mission première, soit la création des bases institutionnelles nécessaires au marché. La Banque « déplace » ainsi la responsabilité de ses politiques d'ajustement et leurs conséquences sociales sur les gouvernements qui doivent s'approprier l'initiative de ces programmes. Dans ces conditions, le rôle redistributif de l'État est, du coup, placé en marge de sa fonction de promoteur du secteur privé qui, elle, représente une garantie d'« efficacité ».

Deux autres critiques évoquées par la Banque mondiale concernent, d'une part, l'effet négatif sur les termes de l'échange des pays en développement d'une augmentation des exportations et, d'autre part, le manque de réalisme concernant les effets bienfaisants de l'ajustement, en particulier sur l'épargne, l'investissement et les exportations. Enfin, l'institution note que les programmes d'ajustement sont généralement considérés comme complexes et trop ambitieux.

Tous ces éléments ne possèdent pas nécessairement un effet direct sur la pauvreté. Ils affectent cependant les conditions économiques des pays concernés et par là, les conditions de vie de ceux qui y habitent. Par exemple, une détérioration des termes de l'échange, liée à des politiques délibérément extraverties, peut aggraver les conditions économiques d'un pays en difficulté, comme ce fut le cas en Côte-d'Ivoire et au Ghana au cours des années 1980 ou au Rwanda et en Somalie au cours des années 1990, cela en plus d'affecter les couches sociales les plus pauvres. Ainsi, certaines des critiques identifiées par la Banque rejoignent celles que nous avons exposées précédemment, et d'autres les complètent. Il est clair cependant que ces éléments servent de base aux réponses de la Banque à la critique externe.

Les effets positifs des programmes d'ajustement sur la pauvreté

Même si la Banque mondiale et la critique (du moins l'UNICEF) s'entendent sur la nécessité de changer les politiques économiques par rapport à celles qui prévalaient au cours des années 1970, le débat reste entier sur la meilleure façon de « s'ajuster » aux moindres coûts sociaux. Le fondement des réponses de la Banque repose sur cette question.

Pour l'institution, un « bon » ajustement, basé sur l'utilisation efficace des ressources et favorisant les avantages comparatifs, basé sur la promotion des exportations et la libéralisation de l'économie, basé aussi sur un environnement favorable au secteur privé et sur une réorientation des interventions étatiques dans l'économie, est nécessairement favorable à la lutte contre la pauvreté. La Banque a d'abord exposé cette position de la façon suivante :

> Un programme d'ajustement ordonné, même s'il implique des sacrifices au niveau des importations, des dépenses ou de l'emploi, est presque toujours plus souhaitable pour les pauvres qu'un ajustement forcé, mis en place à la hâte. [...] Si les pays parviennent à équilibrer leurs comptes extérieurs en accroissant la production et les exportations, les pauvres comme les riches en bénéficieront. (Beckmann, 1986 : 29).

La séquence des priorités liées à l'ajustement est donc cruciale pour l'institution. Dans le *Rapport sur le développement dans le monde de 1990* qui demeure jusqu'à la publication en l'an 2001 du prochain rapport mondial sur la pauvreté la principale référence de l'institution sur la conceptualisation sociale de l'ajustement, la Banque soutient que la meilleure approche repose sur la combinaison de deux principaux éléments : 1) mener des actions rapides sur des politiques fondamentales conçues pour créer un environnement favorable à la croissance, et 2) appliquer des politiques macroéconomiques de façon à modérer le plus possible la réduction de la consommation au cours de la période de transition. Cette combinaison d'éléments est identifiée par l'institution comme nécessaire au soutien d'un ajustement « efficace et ordonné », avec des conséquences

« relativement favorables » pour les pauvres[26]. La volonté de démontrer empiriquement cet apport positif de l'ajustement, s'est traduit par de multiples études, particulièrement depuis 1990 (Carvalho, Nicholas, Liebenthal, Ribe et Zuckerman, 1990 ; Hazell et Haggblade, 1993 ; Demery et Squire, 1996 ; World Bank, 1997a). Comme pour faire écho à la Banque mondiale, la Banque africaine de développement (1995 : 265) ajoute que « concernant la pauvreté, l'incidence des politiques d'ajustement, au pire des cas, a été indéterminée ».

Ce type de réponse est loin de satisfaire aux revendications de la critique des années 1990 qui prône une réorientation de la séquence des priorités de l'ajustement au profit des besoins humains. En s'appuyant sur le *trickle down effect* qui suppose que les pauvres profiteront naturellement de la meilleure santé économique d'un pays, la Banque mondiale prétend que les programmes d'ajustement structurel ont un effet généralement positif sur la pauvreté puisqu'ils visent l'efficacité économique et la relance de la croissance (Fishlow, 1996). Puisque la majorité des pays ont ajusté leurs politiques au lendemain des conditions économiques difficiles du début des années 1980 et parce que la Banque soutient qu'il est pratiquement impossible de lutter contre la pauvreté en période de crise et de déclin économique, la croissance est plus lente à reprendre et les pauvres profitent plus tardivement des effets positifs de l'ajustement.

Dans ces conditions, la réponse devient claire pour l'institution lorsque la critique implore son retour à des objectifs de développement axés sur les besoins humains. Elle

---

[26] Pour David Beckmann (1986 : 28), « Les prêts à l'ajustement structurel et sectoriel [de la Banque mondiale] ont pour but de soutenir, autant que faire se peut, les réformes de la politique économique. Appliquées à bon escient, les réformes peuvent concentrer les effets de la croissance économique sur les pauvres. » Dans son rapport de 1994 sur l'ajustement en Afrique et dans son bilan des efforts pour réduire la pauvreté au cours de la première moitié des années 1990 (World Bank, 1996), la Banque pose qu'à l'inverse des coûts sociaux, les programmes d'ajustement structurel ont offert des avantages économiques substantiels qui peuvent servir les pauvres : « La plupart des pays qui ont amélioré leur politique ont retrouvé des taux positifs de croissance du PIB par habitant. Pareil renversement de tendance montre que, judicieusement mis en oeuvre, les PAS donnent des résultats. » (Banque mondiale, 1994 : 5).

insiste sur la « mésinterprétation » dont elle fait l'objet, puisque la réduction de la pauvreté et l'atteinte des besoins fondamentaux sont toujours considérés comme des objectifs prioritaires (World Bank, 1996). Cependant, ces objectifs ne peuvent se réaliser sans une réorientation des facteurs de production, d'où l'incontournable nécessité de s'ajuster.

Depuis la généralisation de la critique de l'ajustement structurel faisant suite à la publication de l'UNICEF en 1987, la Banque mondiale s'est appliquée à défendre vigoureusement son point de vue. Yukon Huang et Peter Nicholas résument encore le mieux la position de l'institution. Ils affirment que les effets d'une politique d'ajustement sur les pauvres dépendent de la structure économique du pays. Avant de généraliser les éventuels effets négatifs de l'ajustement, il importe d'identifier les secteurs touchés par ces mesures et de voir si les pauvres ne profitent pas *a priori* d'une réorientation de la production vers l'extérieur et d'une libéralisation du marché.

Pour la Banque mondiale, beaucoup de programmes d'ajustement favorisent autant l'efficacité économique que la justice sociale, en particulier à long terme. Par exemple, en pratiquant une tarification sélective dans certains secteurs comme la santé et l'éducation, il est possible d'améliorer l'efficacité des programmes sociaux tout en agissant en faveur des pauvres. Ainsi, l'institution privilégie la prévention par rapport aux soins curatifs dans le secteur de la santé et mise sur les services ruraux par rapport aux services urbains dans le but de favoriser ce qu'elle appelle la rentabilité et l'équité. Mais ce n'est pas parce qu'on est pauvre que la nécessité des soins curatifs n'existent pas. Le désinvestissement dans ce secteur et l'introduction d'un système payant excluent, *de facto*, les pauvres des soins de santé, exacerbant ainsi leurs difficultés à survivre. Comme le pose Chossudovsky (1998), ce genre d'ajustement qui devrait, selon la Banque, éliminer la pauvreté, contribue en fait à éliminer les pauvres.

La lecture des indicateurs sociaux nous oblige à constater que l'amélioration des conditions de vie s'est difficilement concrétisée au cours des années 1980 et 1990, du moins en Afrique subsaharienne. Dans ces conditions, soutient la Banque, ce sont les gouvernements concernés qui sont responsables de ne pas avoir mis en oeuvre les bonnes réformes (Zuckerman, 1989 ; Banque mondiale, 1994 ;

World Bank, 1997b). Pour l'institution, le problème repose sur le fait que les groupes les plus favorisés de la population, ceux qui sont le plus près du pouvoir politique, habitent généralement dans les villes et utilisent les soins hospitaliers curatifs tout en appliquant de fortes pressions sur la demande d'enseignement supérieur. Ils n'ont donc pas intérêt à réorienter les services sociaux au profit des pauvres[27]. Que se soit par manque de volonté politique des gouvernements ou de la Banque, les plus pauvres restent donc encore marginalisés dans leur accès aux services de santé et à l'éducation.

Cette situation sert d'ailleurs de réponse à l'institution. Pour la Banque en effet, plusieurs réformes liées à l'ajustement ne touchent les pauvres que de façon marginale. C'est le cas notamment de la réforme du système fiscal dont les pauvres restent essentiellement exclus. En effet, leurs faibles revenus ne sont pas imposables et ils consomment généralement des produits locaux non taxés. À long terme, les réformes engagées dans ce domaine devraient leur être favorables car elles privilégient l'efficacité de la production (une meilleure allocation des ressources) et une augmentation des offres d'emploi, sans spécifier cependant que ces emplois seront précaires et peu rémunérés.

Enfin, la Banque insiste sur la nécessité de distinguer les objectifs et les effets à court et à long terme. Il est possible que les programmes d'ajustement commencent par freiner la croissance à court terme. Cette situation est par ailleurs identifiée par l'institution comme le « prix à payer » pour l'avènement d'une croissance plus forte dans le long terme[28].

---

[27] Sur cette question, la Banque est d'ailleurs nuancée : « Les politiques bénéfiques pour les pauvres mais " coûteuses" pour les nantis provoqueront de la résistance, qu'elles accroissent le revenu national ou non. Les mieux nantis possèdent généralement plus de pouvoir politique et influencent la politique de façon importante. [...] Mais puisque le pouvoir politique tend à refléter le pouvoir économique, il est important d'établir des mesures de réduction de la pauvreté qui seront appuyées par les plus nantis. » (World Bank, 1990a : 52) Traduction libre. Dans ces conditions, les prétentions de la Banque à vouloir déplacer le fardeau de l'ajustement des pauvres aux plus riches est difficilement crédible.

[28] Cet exemple demeure intéressant : « Une importante étude [non citée] consacrée aux pays semi-industrialisés indique qu'il serait possible de

D'un autre côté, il est possible d'établir un certain équilibre entre les objectifs macroéconomiques, l'inflation et le chômage, de façon à atténuer les effets négatifs sur l'emploi en pratiquant des politiques expansionnistes. En agissant de cette façon cependant, le « véritable » ajustement se trouve différé au profit d'une minimisation des coûts sociaux à court terme, les pays étant « toujours libres » de s'ajuster ou non. L'institution note par ailleurs que plus longtemps on reporte l'ajustement, plus la transition sera difficile, et plus les pauvres en souffriront. *A contrario*, plus rapidement et plus vigoureusement on engage des politiques d'ajustement, plus les effets bénéfiques seront rapides et soutenus[29].

Dans le débat qui oppose la critique externe et la Banque mondiale, il semble donc que l'on assiste à un « dialogue de sourds ». En effet, les réponses proposées par la Banque laissent entrevoir toujours la même perception conceptuelle basée sur l'importance de la croissance économique soutenue par l'application de « bonnes » politiques néolibérales qui serviront éventuellement les intérêts des plus pauvres. C'est précisément à ce type de raisonnement que s'attaque la critique actuelle. Le PNUD par exemple dénonce les fondements théoriques (courbe de Kuznets) qui tentent de justifier la création d'inégalités à court terme en misant sur la croissance de l'économie pour les laisser disparaître dans un hypothétique long terme. Tel qu'il est conçu, l'ajustement structurel

---

relever le taux de croissance de 2 à 3% en introduisant les réformes appropriées dans les systèmes de paiements et la politique commerciale. Selon cette même étude, les coûts immédiats se traduiraient par une baisse du taux de croissance de 1 à 2% pendant un an ou dix-huit mois, et seraient donc largement compensés par les résultats ultérieurs. » (Huang et Nicholas, 1987 : 24). Si cet exemple critiquable peut s'appliquer à des pays semi-industrialisés (lesquels ?), les conditions qui caractérisent les pays les plus pauvres, comme ceux de l'Afrique subsaharienne qui possèdent un taux de croissance négatif depuis plus de dix ans, sont loin de garantir un relèvement durable des conditions sociales et économiques d'un pays.

[29] On affirme par ailleurs, dans le rapport de la Banque sur *L'ajustement en Afrique*, que même les pays qui se sont engagés rapidement et vigoureusement dans les politiques d'ajustement sont encore loin d'avoir atteint, au milieu des années 1990, leurs objectifs de relance économique.

s'impose comme un modèle de développement qui, même partiellement adapté pour répondre aux préoccupations de la critique, reste basé sur une logique d'ensemble qui alimente le discours critique lui-même.

Lorsque la fin justifie les moyens : la place du modèle néolibéral et de la croissance dans les prescriptions de l'institution

Le débat, identifié à partir des réponses de la Banque mondiale, peut se situer à deux niveaux différents. D'une part, la critique dénonce les coûts sociaux engendrés par l'ajustement et, d'autre part, la Banque répond que la lutte contre la pauvreté ne peut être soutenue dans un contexte de crise économique et qu'il est dans ce cas nécessaire de relancer d'abord la croissance sur des bases durables (argument qui prévalait pendant la période 1981-84), en parallèle avec les efforts de lutte contre la pauvreté (1984-86), et de faire reculer la pauvreté grâce aux programmes d'ajustement (1987-1997). Depuis la publication, en 1997, du rapport sur le développement dans le monde sur le rôle de l'État, les analystes de la Banque cherchent de nouvelles bases de légitimité politique dans les pays sous ajustement, de façon à stabiliser l'application des réformes économiques restées impopulaires depuis le début des années 1980. Tout le raisonnement de la Banque s'articule autour du lien unissant la croissance économique et le recul de la pauvreté. Comme nous l'avons déjà exposé, la Banque s'appuie toujours sur le *trickle down effect* pour réconcilier les objectifs macroéconomiques de l'ajustement avec celui du recul de la pauvreté, même si elle semble avoir nuancé ses propos depuis la seconde moitié des années 1990 (World Bank, 1996 ; 1997a).

Les programmes d'ajustement structurel sont le moyen par excellence mis de l'avant par la Banque pour concrétiser ce raisonnement. Son rapport sur l'ajustement en Afrique subsaharienne mentionne justement que « l'ajustement est l'indispensable première étape sur la voie qui mène à une croissance soutenable de nature à faire reculer la pauvreté » (Banque mondiale, 1994 : 18). Puisque la Banque mentionne que la majorité des pauvres vivent en zone rurale et que l'ajustement structurel vise à « replacer » le secteur agricole comme moteur de la croissance, les mesures visant à relever le prix à l'exportation devraient favoriser les pauvres dont le travail est relié à ce secteur de l'économie. L'objectif ultime de la lutte contre la pauvreté grâce à l'ajustement repose en fait sur l'intégration des pauvres au processus de production nationale tourné vers l'extérieur, à leur inclusion dans l'économie « formelle » en particulier, et à leur adhésion tacite au capitalisme en général.

Pour la Banque, la libéralisation des prix dans le secteur de l'agriculture, notamment par l'encouragement du secteur privé et par le démantèlement des offices de commercialisation agricole très répandues en Afrique subsaharienne, devrait être généralement bénéfique pour les paysans. Le rétablissement de la « vérité » des prix, jumelé à une dévaluation monétaire, doit permettre aux agriculteurs de se concentrer sur la production, pour le marché international, de denrées pour lesquelles ils possèdent un avantage comparatif important. De cette façon, les pauvres ruraux devraient bénéficier des retombées de la croissance puisqu'ils y participent grâce à l'utilisation de leur principal actif, leur main-d'oeuvre.

Cependant, rétablir la « vérité » des prix sur des bases néolibérales implique entre autre la suppression des subventions aux engrais, le relèvement du prix de l'eau et l'augmentation du prix au producteur. Dans ces conditions, les pauvres ruraux entretenant de petites exploitations et ne produisant pas de surplus sur le marché, ou qui sont acheteurs nets de produits agricoles, sont défavorisés, tout comme les pauvres des villes, par l'application des politiques économiques néolibérales sur lesquelles s'appuie l'ajustement[30]. Malgré cette situation, et puisqu'il est inévitable

---

[30] Ces conditions obligent la Banque à être plus nuancée sur cette question : « La réforme des prix aide les pauvres ruraux en augmentant leurs revenus de producteurs. Quelques fois cependant, même des changements importants n'ont pas réussi à avoir un effet sur la pauvreté. » (World Bank, 1990a : 114) Traduction libre. Pour une critique des effets de l'ajustement sur le secteur de l'agriculture en Afrique, voir Thiombiano (1993). Pour un aperçu de l'impact de ces mesures en Tanzanie, en particulier sur la santé des femmes et des enfants, voir Joe L.P. Lugalla (1995).

que l'ajustement produise des gagnants et des perdants, la Banque mondiale, qui s'inspire à nouveau de la réflexion conceptuelle de l'OCDE, définit son cadre de développement sur la croissance du secteur agricole :

> L'application de ces derniers principes [néolibéraux] lèse inévitablement plusieurs groupes : les fonctionnaires et les salariés du secteur parapublic, les commerçants d'import-export qui bénéficient du protectionnisme, les salariés et chefs d'entreprise dans les secteurs industriels très protégés. À l'inverse, la majorité des ruraux ne sont pas affectés d'une manière défavorable par les mesures d'ajustement : la dévaluation profite aux exportateurs de produits agricoles, les termes de l'échange entre secteur agricole et non-agricole évoluent en leur faveur. Mais ils peuvent souffrir d'autres mesures qui ont une incidence sur leur niveau de vie, telles la réduction des dépenses d'éducation, de santé en zone rurale. D'autre part, en ville des groupes qui ont des revenus plus faibles, par exemple les actifs du secteur informel, peuvent être touchés de diverses manières : baisse des ventes aux salariés du secteur moderne ou services sociaux diminués. (Bourguignon et Morrisson, 1992 : 88-89).

Il existe donc, pour la Banque, deux possibilités de réconciliation entre la relance de la croissance grâce à l'ajustement et l'endiguement de la pauvreté. La première suppose que les pauvres ruraux profitent de la réorientation des ressources en faveur du secteur agricole. Mais comme le relèvement des prix à l'exportation favorise davantage les propriétaires terriens dont la production est tournée vers l'extérieur que les pauvres employés dans les grandes plantations ou concentrés sur l'agriculture vivrière, on comprend aisément que ce ne soit pas la majorité des paysans qui profite de ces mesures (Hugon, 1991 ; Banque africaine de développement, 1995). Une grande proportion de ceux-ci est donc exclue de la participation à la croissance, en plus des pauvres en zone urbaine qui, reconnaît-on à la Banque, sont davantage victimes des mesures d'ajustement. Dans ce cas, l'institution suggère une seconde possibilité de réconciliation de ses objectifs en complétant l'ajustement structurel de transferts et de dispositifs sociaux afin de protéger les pauvres ne pouvant profiter rapidement de la croissance.

Si la Banque a fini par considérer le fait que l'ajustement structurel pouvait occasionner des coûts sociaux et qu'il fallait envisager la protection des groupes de pauvres, les *a priori* néolibéraux sur lesquels s'appuient ses réponses laissent croire à la critique que l'institution n'a jamais remis en cause son modèle de développement depuis le milieu des années 1980[31]. Cette situation laisse la critique insatisfaite des actions proposées par la Banque pour lutter contre la pauvreté (nous le verrons en détail dans la section suivante). On reconnaît que l'institution semble accorder une plus grande importance aux coûts sociaux de l'ajustement, mais la satisfaction des besoins humains est loin d'être considérée comme prioritaire aux objectifs macroéconomiques, comme en témoigne entre autre ces passages tirés de rapports de la Banque : « La performance à l'exportation est l'indicateur suprême du succès des politiques d'ajustement parce que les programmes d'ajustement visent à redresser les déséquilibres extérieurs. » (World Bank, 1990c : 151). « Le but de ces programmes [d'ajustement structurel] est d'aider les gouvernements à corriger les déséquilibres macroéconomiques que nous avons soulignés et d'apporter le soutien nécessaire à une croissance durable. » (World Bank, 1996 : 33) Traduction libre.

Il est donc possible de noter certaines contradictions dans les réponses de la Banque à la critique. D'une part, la Banque a répété que le recul de la pauvreté et la relance de la croissance économique sont intimement liés, et, d'autre part, elle expose dans son rapport de 1990 sur le développement dans le monde qu'il est possible d'avoir une croissance économique sans progrès social substantiel ou, à l'inverse, qu'une amélioration des indicateurs sociaux peut s'observer en l'absence de croissance économique. Les pauvres ne sont-ils pas dépendants de la croissance par l'effet de ruissellement *(trickle down effect)* ? Les auteurs critiques diront justement qu'une

---

[31] Cet extrait du rapport de la Banque de 1994 sur l'ajustement en Afrique témoigne non seulement du statisme de la réflexion conceptuelle de l'institution, mais aussi de la volonté de poursuivre et d'approfondir à tout prix les réformes déjà engagées : « Dans la moitié des pays étudiés, l'ajustement a contribué à accélérer la croissance du PIB par habitant et puisqu'il existe une forte corrélation entre croissance économique et recul de la pauvreté dans d'autres régions, il y a tout lieu de penser qu'il en a résulté une amélioration du sort des plus défavorisés. » Et la Banque ajoute même « Dans bien des cas, les pauvres se seraient trouvés mieux d'une politique d'ajustement plus hardie. » (Banque mondiale, 1994 : 186).

stratégie efficace de lutte contre la pauvreté ne dépend pas tant des conséquences « naturelles » de la croissance que de la volonté d'en redistribuer les fruits au profit des groupes les plus pauvres. C'est pour cette raison qu'ils insistent pour placer la réalisation des besoins humains au premier plan des objectifs de développement.

Il est possible de noter une autre contradiction importante dans le discours de la Banque. L'institution a en effet défendu ses programmes d'ajustement en affirmant qu'il était difficile, voire impossible, d'établir une corrélation négative entre l'introduction de ses programmes et l'aggravation de la pauvreté, arguant que les variables extérieures comptaient pour beaucoup dans le fardeau grandissant qu'avaient à porter les groupes les plus pauvres. En suivant la logique de l'institution, nous sommes tentés de demander comment la Banque peut arriver à démontrer avec autant d'assurance que les programmes d'ajustement structurel ont un effet directement positif dans la lutte contre la pauvreté quand la preuve empirique des effets négatifs est jugée si difficile à réaliser.

Les réponses de la Banque à la critique donnent l'impression d'être un amalgame incomplet d'objectifs de relance économique et de préoccupation sociale. La perception de Hans Singer résume toujours, dix ans plus tard, le débat qui en résulte :

> [...] nous avons trouvé la définition suivante de l'approche de la Banque : « intégrer les fondements des préoccupations sur la pauvreté des années 1970 à celles de la croissance et du marché qui ont marqué la première moitié des années 1980. » Si cela signifie quoi que se soit, c'est que les préoccupations de la Banque au sujet de la croissance et du marché au cours de la seconde période [début des années 1980] ont été démontrées et doivent être maintenues en étant « intégrées » (pour ce que cela veut dire) à la préoccupation de la pauvreté de la première période que sont les années 1970. [...] Il est difficile de voir quels « fondements » exactement doivent être maintenus et lesquels doivent être abandonnés. Les sceptiques pourraient trouver que le discours sur la redistribution et les besoins fondamentaux, élaboré au moment où les stratégies de marché sont préoccupantes, offre un support à l'application des politiques. [...] « une attention plus directe concernant les coûts sociaux de l'ajustement. » [...] Mais on ne reconnaît aucunement la possibilité que la croissance sur des bases néolibérale puisse,

elle-même, contribuer à réduire ce type d'actions positives. (Singer, 1989 : 1314) Traduction libre.

Les analystes de la Banque se sont appliqués depuis dix ans à insister sur les retombées bénéfiques de la croissance tout en prétendant réaliser « l'intégration » des préoccupations sur la pauvreté des années 1970 au modèle économique présenté aujourd'hui. Ce qui frappe à la fin des années 1990, c'est l'assimilation, par la Banque mondiale, du processus d'ajustement à celui de développement ; comme s'il s'agissait d'appliquer la recette pour régler tous les problèmes, y compris celui de la pauvreté. Depuis 1997, la volonté de faire assumer toute la responsabilité des programmes d'ajustement et éventuellement de leurs coûts sociaux aux gouvernements des pays africains s'inscrit comme un moyen supplémentaire d'assurer la pérennité de ce « modèle de développement ».

Les actions de la Banque en faveur d'une atténuation des coûts sociaux

La Banque mondiale n'a jamais été insensible aux critiques. Elle a cependant le pouvoir d'y répondre comme elle l'entend. En raison de sa double vocation d'institution financière et d'organisme de développement, elle se trouve dans la position difficile de devoir se préoccuper à la fois de la rentabilité économique de ses prêts et de progrès sociaux qui ne s'inscrivent pas toujours dans une logique d'équilibre budgétaire. Le véritable problème se résume peut-être à cette question : comment arriver à concilier les intérêts d'une Banque avec ceux du développement social sans que ceux-ci ne soient placés à la remorque des préoccupations économiques et financières ? Voilà qui traduit bien la difficulté de considérer le développement au-delà du seul paradigme économiste et la complexité du concept lui-même que les stratégies de la Banque mondiale n'arrivent visiblement pas à traduire.

Pendant les quinze dernières années, et suivant l'évolution de la critique, la Banque mondiale s'est appliquée à ménager la chèvre et le chou en perpétuant un modèle axé sur des priorités économiques, tout en développant des mesures visant à protéger de plus en plus spécifiquement les groupes pauvres des effets négatifs de l'ajustement et de la crise économique.

Trois principales périodes peuvent caractériser les quinze dernières années. La première va de 1984 à 1987, où la protection des plus vulnérables a fonctionné en parallèle avec l'ajustement. Dans ces conditions, on a conçu les mesures d'ajustement sans nécessairement tenir compte de leur impact social et on a élaboré au même moment des programmes ciblés pour aider les pauvres en particulier. La seconde période s'étend de 1987 à 1997 où, avec l'arrivée des *Dimensions sociales de l'ajustement*, on a visé un programme intégré d'ajustement économique harmonisé avec une stratégie de lutte contre la pauvreté. La position de la Banque sur la redistribution sociale énoncée dans le rapport sur le développement dans le monde de 1997 montre combien les dix dernières années ont davantage servi à justifier l'ajustement structurel qu'à remettre en cause ses fondements.

Protéger les pauvres pendant l'ajustement à partir de 1984

Tel que nous l'avons déjà mentionné, entre 1980 et 1984, la Banque était davantage préoccupée par le dénouement de la crise financière et le rétablissement des équilibres budgétaires que par un objectif de lutte contre la pauvreté. C'est à partir de 1984 que la Banque a envisagé des mesures d'aide aux pauvres, en parallèle aux politiques d'ajustement déjà entamées. Ces mesures visaient la santé et la nutrition des plus pauvres, mais ne s'attaquaient pas aux problèmes liés à la conceptualisation des politiques d'ajustement.

Avec la publication, en 1984, de *Toward Sustainable Development in Sub-Saharan Africa*, la Banque mondiale, tout en maintenant fermement ses objectifs de restauration économique, commence à s'intéresser à l'impact de l'ajustement sur les pauvres. En fait, la Banque n'avait jamais vraiment évacué de ses préoccupations la problématique de la pauvreté, sauf qu'avant 1984, on croyait que l'ajustement se ferait assez rapidement, minimisant ainsi tout impact négatif. À partir de 1984 cependant, on commence à reconnaître que l'ajustement prendra beaucoup plus de temps que prévu et, avec la montée de la critique, la Banque s'appliquera surtout à reformuler son discours en faveur de la lutte contre la pauvreté[32].

En fait, entre 1984 et 1987, le discours, les études et les réalisations de la Banque mondiale procèdent surtout à partir d'une réaction à la critique, dans le but de montrer que l'institution n'a pas abandonné son objectif de lutte contre la pauvreté élaboré depuis la fin des années 1960. Durant cette période, la Banque est donc sur la défensive et fait concrètement peu de choses pour « adapter » ses programmes d'ajustement aux dimensions sociales.

On mise davantage sur la mitigation des effets négatifs de l'ajustement sur les groupes pauvres, notamment par des interventions visant la consommation, plutôt que sur leur intégration au nouvel environnement économique en émergence. C'est cependant à partir de 1984 que la Banque élabore ses programmes d'ajustement autour de la relance de croissance à la place d'une compression de la demande. Cette croissance, dont nous avons abondamment parlé, se trouvera graduellement intégrée, à partir de cette période, au fondement de la stratégie de l'institution pour la lutte contre la pauvreté et permettra à la Banque, par l'effet du *trickle down*, de réconcilier les préoccupations économiques et sociales en liant le recul de la pauvreté aux programmes d'ajustement.

---

[32] C'est ainsi qu'en 1990, la Banque (1990b : 5) exposait sa position : « Puisque l'ajustement prend plus de temps que prévu dans la plupart des pays, les politiques d'ajustement récemment soutenues par la Banque comportent davantage d'analyses détaillées sur l'impact social des programmes d'ajustement et davantage de mesures pour éviter à court terme les coûts pour les nouveaux chômeurs et les pauvres. Ce genre de mesures inclut la réorientation des dépenses sociales vers des services utilisés par les pauvres, des paiements de réinsertion et de formation pour les nouveaux chômeurs, et des travaux publics et des programmes d'emplois pour les travailleurs non-spécialisés. » Traduction libre.

L'évolution dans la conceptualisation des programmes d'ajustement depuis la fin des années 1980 : lutter contre la pauvreté ou répondre à la critique ?

Les mesures s'inscrivant dans ce qui a été appelé les *Dimensions sociales de l'ajustement* (DSA) ainsi que les *Social Sector Project Loans* (SECAL) qui visaient l'atteinte d'objectifs sociaux tels l'amélioration de la nutrition, de la santé et de l'éducation pour les pauvres, sont des mesures faisant partie intégrante d'une seconde génération de programmes d'ajustement voulant répondre aux préoccupations de la critique. Depuis la publication du rapport de l'UNICEF sur les coûts sociaux de l'ajustement, la Banque soutient avoir fondamentalement changé sa stratégie (World Bank, 1990c). Des « filets de sécurité » et des programmes « ciblés » visant la distribution et la subvention de nourriture, des programmes d'emploi, de sécurité sociale et de réinstallation sont autant d'efforts de l'institution visant à diminuer les coûts sociaux de ses mesures et à intégrer les pauvres au processus de croissance.

Toute la démarche de l'institution repose sur la stratégie en deux volets définie dans le *World Development Report 1990.* Pour la Banque, les pays qui ont le mieux réussi à lutter contre la pauvreté ont misé sur un type de croissance basé sur une utilisation efficace de la main-d'oeuvre et sur un investissement dans le capital humain des pauvres. Ces deux éléments sont essentiels à la compréhension des liens qui unissent l'ajustement structurel et la lutte contre la pauvreté. Dans le raisonnement présenté par l'institution, une utilisation efficace de la main-d'oeuvre dans les pays en développement suppose une utilisation extensive de celle-ci, créant des opportunités d'emplois - de courte durée et peu rémunérés - pour les pauvres. Investir dans le capital humain suppose l'existence de services sociaux appropriés pour les pauvres, c'est-à-dire basés sur l'éducation primaire, les soins de santé de base et l'aide à la planification familiale, qui leur permettent d'accroître leurs possibilités de tirer profit des nouvelles opportunités qu'offre l'ajustement. Cette notion de « nouvelles opportunités » traduit bien la volonté des analystes de la Banque de reconceptualiser l'équité sociale en fonction du paradigme économique. La critique récente (Solimano, 1997 ; Campbell, 1998) note qu'à la fin des années 1990, la justice sociale ne se réalise plus par le bien-être ou la réalisation des besoins fondamentaux mais par la multiplication des « opportunités ». Pour la Banque, l'équité sociale ne devrait plus s'évaluer en fonction de l'égalité des conditions de vie mais plutôt en fonction d'une égalité des opportunités, présentant les programmes d'ajustement comme la meilleure façon d'y arriver.

Ce *kidnapping* conceptuel prend sa source dans une nouvelle génération de programmes d'ajustement présentée par la Banque au début des années 1990 et basée sur quatre principaux éléments (World Bank, 1990a). Le premier concerne une réforme des prix et des institutions de manière à identifier la séquence « macro » la plus valable pour y intégrer l'objectif de lutte contre la pauvreté. Le deuxième aspect concerne la réforme des dépenses publiques. À cet effet, une attention particulière doit être portée à la préservation des fonds publics dont bénéficient majoritairement les pauvres. Troisièmement, on vise le renforcement de la participation des organisations non-gouvernementales dans la mise en oeuvre des programmes d'ajustement. On reconnaît ainsi leur rôle privilégié dans la compréhension des besoins des communautés pauvres. Enfin, avec son quatrième élément la Banque est ouverte à l'exploration de nouvelles avenues de financement, autant dans le but d'élargir les objectifs de lutte contre la pauvreté de ces nouveaux programmes que d'élaborer une politique d'ajustement plus sensible aux conséquences sur la pauvreté.

Basée sur ces quatre dimensions de l'ajustement, la stratégie d'élaboration des nouveaux programmes vise cinq principaux éléments (World Bank, 1990d). La Banque mise d'abord sur l'investissement dans le capital humain des ménages, conformément à sa stratégie de lutte contre la pauvreté. L'institution privilégie aussi un accroissement des avoirs productifs des ménages pour favoriser l'accroissement de leur revenu. On vise aussi une augmentation du rendement de ces avoirs productifs, à partir notamment de changements dans les prix relatifs. La Banque compte de plus sur la promotion des emplois salariés (secteur « formel » par opposition au secteur « informel »), en particulier pour les travailleurs des villes et ceux des zones rurales ne travaillant pas dans le secteur agricole. Enfin, on veut favoriser un repositionnement des pauvres dans la société en encourageant leur participation à des projets qui répondent réellement aux besoins de leur communauté.

Une des premières mesures ayant pour but d'intégrer la lutte contre la pauvreté aux efforts d'ajustement fut mis en place au Ghana en 1987-88 sous le nom de *Programme d'actions pour mitiger les coûts sociaux de l'ajustement* (*Programme of Actions to Mitigate the Social Costs of Adjustment* - PAMSCAD). Cette mesure apparaît comme un modèle traduisant la volonté de la Banque *d'intégrer* la réduction de la pauvreté comme objectif fondamental de ses politiques, en plus d'inclure les pauvres au processus de croissance, comme l'expose un important rapport de la Banque : « En somme, les programmes d'ajustement devraient supporter des mesures qui aident les pauvres, plutôt que de les protéger à peine. Certaines de ces mesures, en particulier celles qui assurent une forme appropriée de croissance favorable aux pauvres, doivent être incorporées aux programmes d'ajustement structurel. » (Carvalho, Nicholas, Liebenthal, Ribe et Zuckerman, 1990 : 21) Traduction libre.

Le PAMSCAD, que nous traitons plus en détails au chapitre suivant, s'inscrit dans le projet plus global des *Dimensions sociales de l'ajustement*. Il se veut la figure de proue de cette nouvelle génération de programmes qui devrait montrer une fois pour toute à la critique jusqu'à quel point la lutte contre la pauvreté est un objectif important pour la Banque. D'après le scénario idéal, les pauvres seront intégrés au processus de production extraverti et à la croissance, les deux assises de l'ajustement. Après avoir questionné le rôle des pauvres dans la production, en particulier dans le secteur agricole utilisé comme une panacée par la Banque mondiale, nous sommes en droit de croire, à l'instar d'autres auteurs, qu'une grande partie des pauvres reste marginalisée (Gibbon, 1992 ; Hutchful, 1994a). Mais les analystes de la Banque reviennent constamment au même type de raisonnement qui apparaît parfois difficile à considérer sérieusement, comme celui de prétendre que les marchés mondiaux « libèrent » les travailleurs pauvres des contraintes qu'impose la demande domestique (World Bank, 1996 : 37). Pour les groupes qui ne peuvent participer à la croissance économique et pour ceux qui sont particulièrement vulnérables à un retournement de situation défavorable, la Banque propose depuis dix ans deux grands types de solutions (World Bank, 1990a ; 1996 ; 1997a). Pour le premier groupe de pauvres, l'institution vise l'utilisation d'un système de transfert ciblé qui leur assure un « niveau de vie adéquat ». Le second groupe profiterait davantage de « filets de sécurité ».

Ces transferts ciblés et ces filets de sécurité prennent entre autres la forme de subventions aux produits de consommation les plus utilisés par les pauvres. La Banque mondiale n'est cependant pas enthousiaste à ce type de transfert, puisqu'il implique des distorsions que les programmes d'ajustement s'affairent à éliminer. « En revanche, des subventions cibles, conçues à l'intention de groupes particuliers et qui font baisser le prix d'un bien de consommation selon un indicateur de nécessité, peuvent être à la fois plus efficaces pour les pauvres et moins coûteuses pour le gouvernement. » (Ribe et Carvalho, 1990 : 16).

Parmi les programmes cibles qui visent directement les pauvres, on compte des programmes spéciaux pour l'emploi qui représentent un moyen temporaire d'aider les pauvres et un filet de sécurité pour les chômeurs pendant les périodes de régression économique et pendant les mauvaises saisons agricoles. Des projets alimentaires sont prévus comme filets de sécurité pour garantir aux pauvres extrêmes un minimum de nourriture, tandis que des programmes de redéploiement visent les *new poor*, la plupart du temps représentés par les travailleurs licenciés du secteur public. Ces personnes, qui ne sont pas nécessairement pauvres au moment de leur licenciement, entraînent souvent dans une situation précaire une grande quantité de personnes dépendantes de leur revenu (famille élargie). En revanche, ces nouveaux arrivants dans le secteur informel occupent le plus souvent les sous-secteurs les plus lucratifs, laissant au plus pauvres les moins intéressants du marché. La Banque africaine de développement (1995 : 263) ajoute « [qu'] aussi longtemps que le désordre qui prévaut dans le secteur public persistera, l'empiètement du domaine d'où les pauvres urbains tirent leurs moyens de subsistance se poursuivra. » Malgré cela, une grande partie des programmes « sociaux » de la Banque mondiale ne vise pas seulement à dédommager les travailleurs licenciés en leur offrant des indemnités, mais vise aussi et surtout la « reconversion » de ces travailleurs du secteur public au secteur privé, notamment par l'octroi de facilités de crédit.

Les projets de réinstallation de la Banque mondiale vont dans le même sens. Ils cherchent à faciliter la reconversion dans l'agriculture (nouveau moteur du développement) des travailleurs licenciés des zones urbaines. Ces programmes, comme nous le verrons pour le Ghana au chapitre suivant, prévoient une aide alimentaire et des services de vulgarisation permettant aux travailleurs licenciés de s'installer sur les terres cultivables encore inutilisées (si cela existe !). Dans certains pays, les projets cibles vont de pair avec des projets compensatoires multisectoriels comprenant des interventions d'assistance à court terme (travaux publics, aide alimentaire) et une série de programmes de développement (assainissement en zones urbaines, distribution de manuels scolaires). Au milieu des années 1980, la Banque finançait peu de « filets de sécurité », bien qu'au milieu des années 1990 leur nombre s'élevait à 19, représentant un montant de deux milliards de dollars américains en 1995 (World Bank, 1996). Ce qui inquiète, au-delà de la pertinence de ce type d'action, c'est que pour cette même année, près des trois-quarts du « financement social » présenté comme un dernier recours pour les pauvres se réalisaient en ex-Union soviétique. Comme si l'Afrique subsaharienne n'avait plus besoin de telles mesures.

Depuis quinze ans, la Banque mondiale a répondu activement à la critique des coûts sociaux de ses programmes d'ajustement. Par ailleurs, si nous reprenons les principales critiques identifiées en début de chapitre, les réponses de la Banque n'offrent pas une conceptualisation différente de celle qui sous-tend l'ajustement lui-même. Certes, l'institution s'est appliquée à rendre ses programmes moins récessifs et à articuler un discours faisant de la lutte contre la pauvreté une priorité de l'ajustement. Mais les difficultés des pauvres sont toujours bien réelles et, comme nous le présentions au chapitre précédent, même les pronostics de la Banque mondiale prévoient une augmentation substantielle de la pauvreté en Afrique subsaharienne d'ici l'an 2000.

De plus, la « réforme » des programmes d'ajustement structurel qui devait mener à l'élaboration de nouveaux *programmes d'ajustement économique et social* se fait toujours attendre. Il semble qu'au-delà du changement dans le discours des analystes de la Banque, les dimensions sociales de l'ajustement sont en quelque sorte toujours restées en marge du processus d'ajustement dans la mesure où le modèle néolibéral n'a pas été remis en cause par l'institution qui s'est au contraire appliquée à le placer comme unique solution au problème de la pauvreté. Le cas du Ghana, avec le *Programme pour mitiger les coûts sociaux de l'ajustement*, présente un exemple-clé de cette situation où la Banque encourage un programme ciblé d'aide aux pauvres en cours d'ajustement sans pour autant changer la conception de son programme de relance économique qui s'inscrit pourtant comme une des causes possibles de la détérioration des conditions de vie dans ce pays.

CHAPITRE IV

LE RENOUVELLEMENT DE LA CRITIQUE À PARTIR DES RÉPONSES DE LA BANQUE : L'IMPORTANCE DES *A PRIORI* DU MODÈLE

Aux deux chapitres précédents, nous avons élaboré une revue des principales critiques externes et des réponses de la Banque mondiale qui s'articulent, depuis les années 1980, autour du débat sur les coûts sociaux de l'ajustement structurel. À partir des réponses de la Banque et de l'évolution des programmes d'ajustement, nous avons non seulement identifié les *a priori* sous-jacents au modèle de développement de l'institution, mais nous avons aussi démontré que ces *a priori*, restés tels quels depuis quinze ans, étaient loin de rejoindre les préoccupations de la critique.

Certes, le discours et certaines actions de la Banque ont changé au cours des années 1980 et 1990. L'institution est davantage « sensible » à l'impact de ses programmes sur la pauvreté et a proposé un train de mesures pour rendre l'ajustement structurel socialement plus « digeste » et politiquement plus soutenable. Le *Programme d'actions pour mitiger les coûts sociaux de l'ajustement* du Ghana est un excellent exemple du type de mesures encouragées par la Banque pour atténuer les coûts sociaux de l'ajustement. Il comprend un ensemble de sous-projets à faibles coûts qui visent à répondre aux besoins des plus démunis. Mais quels sont les véritables objectifs de ce programme et quel est son impact sur les pauvres ? Témoigne-t-il d'un virage important dans la façon d'envisager l'ajustement structurel ou incarne-t-il simplement une demi-mesure visant à mieux faire accepter des réformes jugées draconiennes par la population ?

L'analyse du PAMSCAD nous donne l'occasion non seulement de répondre à ces questions, mais permet aussi d'évaluer jusqu'à quel point les actions et le discours de l'institution concernant la dimension sociale de l'ajustement visent surtout à répondre aux pressions de la critique sans remettre en cause le modèle sous-jacent.

De la relance économique aux dimensions sociales de l'ajustement : le cas particulier du Ghana

Ancienne colonie britannique, le Ghana fut le premier du continent africain à accéder à l'indépendance en 1957. On avait plusieurs raisons d'être optimiste à cette époque, en particulier grâce aux nouvelles possibilités de développement que représentaient le plein contrôle des institutions politiques par les Ghanéens, aux conditions sociales favorables, marquées notamment par un taux d'alphabétisation de plus de 60% qui en faisait un des pays les plus avancés du continent. Sur le plan économique par exemple, le Ghana fournissait, au début des années 1960, 10% de la production mondiale d'or. Au niveau financier, ce pays possédait une réserve en devises de près d'un milliard de dollars américains et sa production par habitant équivalait à peu près à celle de l'Espagne.

Comme l'ensemble des autres pays d'Afrique subsaharienne, ces conditions ont dramatiquement changé au cours des années 1970. Tel que nous l'avons exposé au premier chapitre, un essoufflement de l'ordre économique hérité du lendemain de la Seconde Guerre mondiale, jumelé à deux augmentations importantes du prix des hydrocarbures et à la fuite en avant vers l'endettement qui en a résulté, a fait des années 1970 une décennie de recul généralisé autant du point de vue économique que social. Durant cette période, les termes de l'échange du Ghana n'ont pas cessé de se détériorer, notamment pour les principaux produits d'exportation tel que le cacao – sauf durant un court moment à la fin des années 1970 – et le niveau de la production a baissé constamment jusqu'en 1983. Cette situation déjà déplorable s'est aggravée par le retour forcé, la même année, de près d'un million de Ghanéens travaillant au Nigeria.

Faisant suite aux différents chocs externes et sans doute aussi, comme le pose la Banque, à certaines erreurs de gestion de la part du gouvernement ghanéen, la situation économique du pays était devenue déplorable au début des années 1980 : la production de denrées alimentaires a chuté de 30%, les manufactures tournaient à 10% de leur capacité, les exportations ont réduit de moitié, et l'inflation avait atteint 123% par année en 1983 (Lowe Morna, 1990).

Au cours des dix années suivant le premier choc pétrolier, les dépenses du gouvernement ghanéen dans le secteur de l'éducation sont passées de vingt dollars par habitant en 1972 à un dollar seulement en 1983. En dix ans, le revenu par habitant a chuté de 30%, les importations pétrolières ont augmenté à près de la moitié du total des exportations, les recettes de l'État n'arrivaient plus qu'à couvrir 35% de ses dépenses totales, et son déficit est passé de 0,4% en 1970 à 14,6% du PIB au début des années 1980. Au cours de l'année 1983, les transports publics ont dû cesser leurs services par manque d'essence et de pièces de rechange, et la pénurie de médicaments dans les hôpitaux s'est généralisée (World Bank, 1984).

Bien entendu, ce bref résumé n'expose que partiellement la réalité dans laquelle se trouvait le Ghana, comme beaucoup d'autres pays d'Afrique subsaharienne, au début des années 1980. C'est cependant à partir de ces conditions difficiles que fut élaboré, sous l'égide de la Banque mondiale, le programme de relance économique (PRE) du Ghana.

Les assises de la relance : le modèle néolibéral

Le programme de relance économique répondait à une situation de crise qui avait coûté cher au Ghana autant du point de vue économique que social. Comme l'exprimaient les analystes de la Banque mondiale, « Adjustment was inevitable, and the Economic Recovery Program was, in a very real sense, seen as "mitigating the cost of nonadjusting". » (World Bank, 1988b : 15). Cette relance misait sur la libéralisation de l'économie ghanéenne, selon les termes de trois programmes d'ajustement structurel successifs.

La base du programme de relance économique du Ghana s'appuyait sur trois aspects (phases) importants : phase de stabilisation, phase de réhabilitation et phase de libéralisation et de rétablissement de la croissance. Sur le plan de la stabilisation, le programme de relance économique amorcé en 1983 visait à réduire l'inflation, dégager un surplus de la balance des paiements, éliminer les arrérages dans le remboursement de la dette extérieure et favoriser la création d'une réserve de devises. Cette phase de stabilisation permettrait, moyennant une aide extérieure suffisante, d'obtenir un certain répit dans les difficultés économiques du Ghana. Les phases de réhabilitation et de libéralisation s'appuient sur ce que nous avons identifié au premier chapitre comme les « piliers du modèle » de la Banque mondiale, c'est-à-dire la promotion des exportations – grâce notamment à la dévaluation du cédi (monnaie ghanéenne) – la libéralisation des prix dans le but de miser sur les avantages comparatifs, et la privatisation d'entreprises publiques pour assurer une meilleure utilisation des ressources.

Même si le programme de relance économique évoquait très peu la question de la pauvreté en 1983, la Banque mondiale montrait déjà que les mesures d'ajustement doivent transférer le moteur du développement (économique et social) de la ville vers la campagne, et que l'agriculture d'exportation doit être favorisée au profit d'un accroissement du revenu des pauvres. L'objectif des prêts à l'ajustement structurel, qui sont venus soutenir le programme de relance économique, mise ultimement sur un renversement de la tendance négative qui affecte le revenu par habitant en appliquant de « meilleures politiques économiques » de nature à relancer la croissance (au moins 5% par année) sur des bases durables (World Bank, 1984).

La Banque considère ces trois phases comme faisant partie d'un *continuum* au lieu de représenter des segments exclusifs. En fait, si la phase de stabilisation s'avère la première étape obligée du programme et vise le rétablissement des équilibres macroéconomiques, elle véhicule néanmoins des éléments de libéralisation, par exemple, son effet sur les prix relatifs. De la même façon, l'accent mis sur une meilleure utilisation des ressources au cours de la phase de réhabilitation suppose une réduction des interventions étatiques dans l'économie et rejoint en partie les objectifs de libéralisation.

Les résultats économiques et l'impact social des mesures d'ajustement

La Banque mondiale a souvent présenté le Ghana comme le pays d'Afrique subsaharienne dont l'ajustement structurel a le mieux réussi au cours de la décennie 1980 et 1990, faisant de l'expérience de ce pays un modèle pour le reste du continent (World Bank, 1988a ; 1990a ; Demery et Squire, 1996). Il est vrai que le programme de relance a eu des effets positifs sur l'économie de ce pays. De fait, entre 1983 et 1988, le PNB a augmenté de 6% par année, le taux d'inflation s'est réduit graduellement pour atteindre 18% en 1991 et la production industrielle a substantiellement augmenté.

Sur le plan de la performance économique, la production manufacturière atteignait, en 1989, 63% du niveau record de 1977, ce qui représente une nette amélioration par rapport au niveau de 1984 qui était de 39%. Les sous-secteurs qui ont le mieux performé entre 1984 et 1989 comprennent la production de ciment, bois et caoutchouc où la capacité de production a plus que triplé durant cette période. Parmi les secteurs qui n'avaient pas amélioré leur production entre 1984 et 1989, on compte les vêtements et le textile, les produits papetiers, les produits d'acier et les équipements électriques, en grande partie parce que ces secteurs de l'industrie, traditionnellement protégés, dépendent fortement des importations et font face à une sévère compétition internationale (Parfitt, 1995).

Dans le secteur de l'agriculture, les exportations de cacao ont pratiquement doublé au cours de la seconde moitié des années 1980, notamment à cause de la multiplication par trois du prix payé au producteur par le *Cocoa Marketing Board*. Si nous utilisons les critères de succès de la Banque mondiale qui valorise l'intégration d'un pays au marché mondial (ratio commerce extérieur/PIB) et le développement du secteur privé (crédit bancaire au secteur privé en pourcentage du PIB), le programme de relance économique du Ghana présente sans aucun doute un certain succès pour la période des années 1980 (Banque mondiale, 1994 : 45)[33]. Mais comme le souligne

[33] Cependant, certains auteurs, comme John Loxley (1990), soulignent que les performances économiques du Ghana au cours des années 1980 sont impressionnantes parce qu'elles sont comparées aux

Trevor Parfitt, le lien ténu qui unit le secteur primaire de l'agriculture, des pêches et des mines (identifié par la Banque comme moteur du développement) au secteur manufacturier ne permet pas de diversifier la production jusqu'aux biens intermédiaires et perpétue ainsi la dépendance du secteur manufacturier à l'importation, elle même exacerbée par l'augmentation des prix liée à la dévaluation monétaire.

Malgré la fin de l'arrérage dans le paiement de la dette extérieure et la transformation d'un important déficit de la balance des paiements et du budget gouvernemental en surplus, l'absence de diversification économique et la concentration de la production dans le secteur primaire a mis un frein à la croissance depuis 1989, notamment à cause d'une baisse du prix du cacao et des autres exportations traditionnelles du Ghana. De plus, la bonne performance statistique de certains secteurs de l'économie au cours des années 1980 ne témoigne pas nécessairement du bien-être général de la population. Certains indicateurs sociaux, présentés au deuxième chapitre pour l'Afrique subsaharienne, en témoignent. À ce sujet, Lois Jensen (1990 : 24) note que :

> Cameron Duodu, un journaliste ghanéen pour le compte d'une revue allemande de développement, statuait que « le niveau de vie au Ghana a baissé à un rythme dramatique ». M. Duodu croit que cette situation dépend largement de la dévaluation du cédi de 2,75 pour un dollar US en 1983 à 350 pour le dollar aujourd'hui [1990]. Sans aucun doute, les salaires demeurent uniformément bas. Même le mieux rémunéré des fonctionnaires gagne un peu plus de 50$ par mois. (Traduction libre).

La Banque mondiale expose elle-même dans son rapport de 1994 sur l'ajustement en Afrique que malgré les bonnes performances économiques du Ghana au cours des années 1980, ce pays reste l'un des plus pauvres du monde et que si la croissance se poursuit au rythme de 5% par année, le Ghanéen moyen pauvre ne franchira pas le seuil de pauvreté avant 50 ans. De fait, selon le classement du Programme des Nations

---

niveaux très bas qui prévalaient au début de la décennie. Dans ces conditions, il est clair que l'économie du Ghana s'est améliorée au cours des années 1980 en comparaison aux pires performances de son économie. Par ailleurs, le niveau de production de 1989, présenté comme une nette amélioration par rapport à 1983, était encore loin d'avoir atteint les niveaux records apparus pendant les années 1960 et 1970.

Unies pour le développement (PNUD), le Ghana occupait, pour l'année 1998, la 133e position sur le plan du développement humain sur un total de 174 pays, ce qui équivaut à la 10e position sur les 41 pays de l'Afrique subsaharienne figurant au rapport mondial sur le développement humain.

Tableau 4.1 : Principaux indicateurs sociaux dans certains pays d'Afrique subsaharienne

INDICATEUR	Ghana	Togo	Côte-d'Ivoire	Bénin	Afrique subsah.
PIB réel par habitant (PPA) en 1995	2032	1167	1731	1800	1407
Espérance de vie à la naissance (années) en 1995	57	50,5	51,8	54,4	50,6
Mortalité des enfants de moins de 5 ans (pour 1000 naissances vivantes) en 1996	110	125	150	140	169
Apport journalier de calories en % des besoins en 1992	77	79	87	89	74
Taux d'entrée dans l'enseignement primaire (%) en 1990	83	97	60	75	71
Taux d'alphabétisation des adultes (%) en 1995	65	52	40	37	57

Source : PNUD, *Rapport mondial sur le développement humain*, années diverses.

Le tableau 4.1 présente un aperçu des principaux indicateurs sociaux pour certains pays d'Afrique subsaharienne de la région du golfe de Guinée. Présenté par la Banque mondiale comme un exemple à suivre par les autres pays d'Afrique subsaharienne pour la réussite de son ajustement structurel, ce tableau permet de comparer certaines « performances sociales » du Ghana par rapport à celles d'autres pays de sa région après une quinzaine d'années d'ajustement économique.

Malgré un PIB par habitant supérieur aux pays limitrophes, on note que pour l'ensemble des indicateurs, les autres pays du golfe de Guinée possèdent un niveau similaire à celui du Ghana. L'espérance de vie n'est pas de beaucoup supérieure à la moyenne du continent et même si le taux d'alphabétisation des adultes demeure au-dessus de celui des autres pays de la région, le taux d'entrée à l'enseignement primaire est plus important au Togo, avec un indicateur économique plus modeste. On note par ailleurs que l'apport journalier de calories ne couvre que 77% des besoins au Ghana, alors que ce taux est supérieur pour les autres pays de la région.

Quelles conclusions peut-on tirer de ces données ? On voit d'abord que le Ghana reste effectivement l'un des pays les plus pauvres d'Afrique subsaharienne sur le plan humain, si ce n'est du point de vue économique. Après quinze ans d'ajustement, nous sommes en droit de nous questionner sur le bien-être d'une population qui n'arrive pas à couvrir, en moyenne, ses besoins quotidiens en calories et dont le taux d'alphabétisation a peu évolué depuis trente ans.

Dans son programme destiné à aider les pauvres au cours des années d'ajustement (PAMSCAD), le gouvernement du Ghana mentionne que : « Même avec l'amélioration actuelle des conditions, la situation des pauvres et des gens les plus vulnérables demeure désespérée avec un accès restrein à la santé, à l'éducation ou à l'eau potable et des obstacles importants à surmonter pour produire ou gagner suffisamment pour répondre à leurs besoins. » (Government of Ghana, 1987 : 1) (Traduction libre). De fait, le gouvernement ghanéen a montré que le programme de relance économique avait affecté les pauvres au moins de trois façons depuis sa mise en place en 1983 : 1) par un changement dans les prix en partie dû à la dévaluation monétaire et à la transformation des taxes et droits de douanes ; 2) par le licenciement de quelque 45 000 fonctionnaires du gouvernement et de quelque 20 000 employés d'entreprises publiques entre 1987 et 1989 ;

et 3) par des pertes d'emploi causées par les effets négatifs de la libéralisation du commerce et de la réforme des prix sur les entreprises qui n'ont pas su s'adapter aux nouvelles conditions.

Les effets de l'ajustement sont complexes et se produisent à plusieurs niveaux. Nous avons vu jusqu'à quel point il est difficile de démontrer qu'il existe un lien de cause à effet direct entre l'ajustement et la pauvreté. À travers les critiques évoquées au deuxième chapitre, nous avons cependant mis en relief l'évolution de certains indicateurs sociaux au cours de la période d'ajustement des années 1980 et 1990, en soulignant les liens possibles qui pouvaient exister entre les programmes d'ajustement et l'aggravation de la pauvreté en Afrique subsaharienne. Le graphique 4.1 trace l'évolution de la consommation privée et du salaire minimum au Ghana sur une période de 10 ans. Cette évolution montre qu'au début de la décennie 1990, le niveau indiciel de consommation privée était plus faible (91,26) qu'il ne l'était en 1980 (100). Quant au salaire minimum, après plusieurs fluctuations successives et à travers une décennie d'inflation galopante et une dévaluation constante du cédi, il était seulement moins de 20% supérieur en 1989 (119,6) qu'il ne l'était en 1980 (100).

L'évolution du salaire minimum, qui s'applique généralement aux travailleurs du secteur formel des villes, montre qu'en plus des mises à pied massives dans le secteur public conséquentes au PRE, ceux qui ont conservé leur emploi ont généralement vu leur salaire réel baisser au cours des années 1980. La baisse constante de la consommation privée va dans le même sens. Ceux qui ont profité de la croissance des années 1980 se trouvent donc principalement dans le secteur de l'exportation, notamment celle du cacao et du bois. Mais l'avantage des pauvres dans ce processus est, dans ces conditions, loin d'être démontré[34].

---

[34] Comme nous l'avons déjà exposé au troisième chapitre, une augmentation du prix aux producteurs agricoles ne profite généralement pas aux pauvres qui sont, pour la plupart, des petits producteurs qui peuvent difficilement se tourner vers l'exportation. Comme le considère la Banque elle-même (1990a : 32), « La pauvreté est fortement corrélée à la non possession d'une terre en Asie du Sud, en Afrique australe et dans l'ensemble de l'Amérique latine. Lorsque les pauvres possèdent une terre,

Figure 4.1 : Évolution de la consommation privée indexée et du salaire minimum indexé au Ghana entre 1980 et 1990

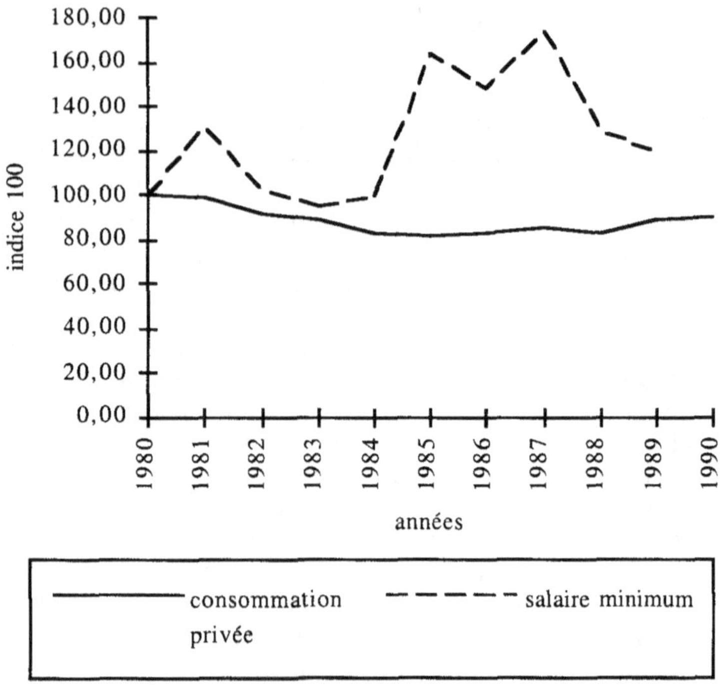

Source : World Bank (1994). *Poverty and Structural Adjustment in the 1980s : Trends in Welfare Indicators in Latin America and Africa.* Préparé pour l'Office of Small, Micro and Informal Enterprise, Bureau for Private Enterprise, U.S. Agency on International Development. Bethesda, Maryland : DAI, septembre.

---

elle est souvent non productive et se trouve fréquemment à l'extérieur des zones irriguées. Les pauvres sont habituellement incapables d'améliorer cette situation à cause de leur manque de revenus et d'un accès difficile au crédit. » Traduction libre.

L'adaptation partielle des programmes d'ajustement, ou intégrer les pauvres au processus de production : le *Programme d'actions pour mitiger les coûts sociaux de l'ajustement* (PAMSCAD)

Les Dimensions sociales de l'ajustement (DSA), instituées par la Banque mondiale[35] en juillet 1987 pour répondre en partie aux préoccupations de la critique, visent principalement la réduction de rigidités institutionnelles – autant au niveau du marché qu'au niveau des infrastructures économiques – qui empêchent les pauvres de profiter des réformes macroéconomiques et de la croissance. Pour y arriver, les DSA proposent une stratégie en deux principaux volets : D'abord améliorer et faciliter la cueillette des données sur la pauvreté. À ce sujet, la Banque mondiale a réalisé une étude sur le profil de la pauvreté au Ghana pour la période 1987-88 et par la suite en 1992. Ensuite, il faut réaliser des études d'impact sur les dimensions sociales de l'ajustement de façon à assurer un suivi des politiques et des programmes de lutte contre la pauvreté en vue de pouvoir les intégrer à la conceptualisation de l'ajustement structurel.

Nous avons vu au chapitre précédent que depuis la fin des années 1980, la Banque mondiale considère ses programmes d'ajustement comme étant plus sensibles au phénomène de pauvreté *(poverty focused)*. Cela d'abord, parce qu'une plus grande attention est portée sur les « filets de sécurité » et une réorientation des dépenses publiques au profit des plus pauvres. Ensuite, parce que certains prêts à l'ajustement s'efforcent de tenir compte de l'effet global des réformes sur la pauvreté et, enfin, de plus en plus de prêts à l'ajustement impliquent une « conditionnalité sociale » qui lie l'octroi du prêt à la réalisation d'objectifs de lutte contre la pauvreté. Au cours de l'année 1992 par exemple, 11 prêts à l'ajustement structurel sur 13, et 3 prêts à l'ajustement sectoriel sur 5 impliquaient une « conditionnalité sociale ». Au cours de la même année, 18 prêts à l'ajustement sur 32 contenaient des objectifs explicites de lutte contre la pauvreté. Plus de la moitié

---

[35] Conjointement avec le *Programme régional pour l'Afrique* du PNUD, la Banque africaine de développement et d'autres institutions multilatérales et bilatérales de développement.

de ces programmes d'ajustement était financé par l'*International Development Agency (IDA)* et 11 de ces programmes avaient lieu en Afrique subsaharienne (Hutchful, 1994a). Entre 1987 et 1997, la Banque a approuvé le financement de 56 projets sociaux (4 d'entre eux en 1996 et 5 en 1997). De ce nombre, 45 étaient actifs à la fin de l'année fiscale 1997, comptant pour un montant de 1,4 milliards de dollars US dont un milliard pour l'IDA. De ces « filets sociaux », le Fonds social II pour la réhabilitation des écoles et dispensaires à Madagascar et le Fonds d'actions sociales du Malawi, qui supporte des programmes de travail contre de la nourriture pour les pauvres, résumaient le soutien à l'Afrique subsaharienne approuvé en 1996-1997 (World Bank, 1997a). Au cours de l'année fiscale 1997, 62% des programmes d'ajustement étaient considérés par la Banque comme *poverty focused* et la moitié d'entre eux (sur un total de 18) contenait des « filets sociaux » pour les pauvres.

Ces programmes d'ajustement structurel « sensibles » au phénomène de pauvreté n'ont cependant rien de fondamentalement différents par rapport aux programmes traditionnels, si ce n'est qu'ils misent sur une réorientation des dépenses publiques au profit des secteurs qui affectent les pauvres en particulier (santé, éducation) et visent l'élimination des distorsions qui désavantagent principalement les pauvres tout en conservant les mêmes objectifs de relance économique basés sur la doctrine néolibérale. À cet effet, Bonnie Campbell suggère que le contenu du *Rapport sur le développement dans le monde* publié par la Banque en 1997 et les discussions qui ont suivi sur la redistribution sociale nous ramènent aux débats de la fin des années 1980 au moment de la mise en place des dimensions sociales de l'ajustement. Elle précise l'enjeu qui en résulte :

> Introduites comme un ajout à la stratégie de croissance contenue dans les PAS, les DSA, comme les réflexions du Rapport 1997 sur la redistribution sociale, représentent plus une justification des programmes économiques qu'elles accompagnent, qu'une remise en cause de leur conceptualisation. Ainsi, cette manière d'aborder la question de la redistribution sociale masque un problème de fond : la conceptualisation du problème de la lutte contre la pauvreté. Dans la mesure où la pauvreté renvoie à un mode particulier de régulation sociale et politique sélectif, il s'agit en

> fait d'un problème de lutte pour la redistribution du pouvoir et donc un problème éminemment politique. (Campbell, 1998 : 20).

Le PAMSCAD montre jusqu'à quel point l'enjeu politique est au coeur des efforts de lutte contre la pauvreté mis au point par les analystes de la Banque depuis plus de dix ans. Il représente d'ailleurs, avec celui de la Bolivie en 1986 *(Fondo Social de Emergencia)*, un des premiers programmes de compensation s'inscrivant dans une nouvelle façon de percevoir l'ajustement et ses effets, depuis la fin des années 1980. Le PAMSCAD, élaboré par le gouvernement ghanéen avec l'aide initiale de l'UNICEF, est une conséquence directe, d'une part, de la réalité des coûts sociaux liés au programme de relance économique du Ghana qui n'incorpore explicitement aucun objectif de lutte contre la pauvreté et, d'autre part, de l'intensification de la critique externe au cours des années 1980.

Le PAMSCAD n'est pas un programme d'ajustement structurel. Les sous-projets, qui concernent notamment l'éducation, la santé et l'agriculture, doivent explicitement avoir un impact positif sur la pauvreté. De plus, ceux-ci doivent générer de fortes retombées économiques et sociales et doivent pouvoir se réaliser assez rapidement sans nécessiter l'utilisation d'importantes ressources institutionnelles[36]. Enfin, les sous-projets du PAMSCAD doivent avoir un résultat politique favorable, en montrant à la population en général et aux pauvres en particulier, que les réformes économiques fonctionnent et que le gouvernement est sensible aux coûts sociaux de l'ajustement.

Il est important de noter que l'existence du PAMSCAD ne repose pas, dans la logique du gouvernement ghanéen, sur un quelconque échec du programme de relance économique. Au contraire, il s'inscrit dans le strict raisonnement de la Banque

---

36 Comme le précise le gouvernement ghanéen (1987 : 10), le financement et la réalisation du PAMSCAD doivent rester en marge du processus d'ajustement économique : « Il doit être possible d'implanter le projet [PAMSCAD] facilement et rapidement. Il ne doit pas alourdir la capacité institutionnelle actuelle ou les projets socialement productifs. Plus encore, de nouveaux arrangements institutionnels ne doivent pas être requis pour implanter des actions à court terme. » Traduction libre.

mondiale qui prône d'abord un règlement des problèmes économiques pour pouvoir ensuite s'attaquer au problème de la pauvreté :

> Un second argument pour le PAMSCAD émerge du succès général des phases de stabilisation et d'ajustement. La première phase du PRE et aussi le début de la seconde phase visaient le rétablissement des équilibres internes et externes. Cela offre maintenant une base solide pour une distribution efficace des ressources pour répondre aux besoins des pauvres de manière systématique et substantielle. (Government of Ghana, 1987 : 7) Traduction libre.

Dans ces conditions, l'aide qu'est supposé apporter le PAMSCAD aux pauvres doit se faire en évitant à tout prix de créer de nouvelles « distorsions » pouvant porter préjudice aux objectifs plus généraux du programme de relance économique. Il importe ici de rester clair : le PAMSCAD, comme les autres « filets sociaux » proposés par la Banque, est un programme d'actions à court terme qui ne doit en aucun cas « déranger » les efforts de redressement économique déjà en cours qui, tel que nous l'avons exposé au troisième chapitre, doivent de toute façon avoir un effet bénéfique à long terme sur la pauvreté et rendre caduque, *de facto*, l'existence même d'un programme comme le PAMSCAD. En attendant des résultats à long terme, le gouvernement ghanéen évaluait le coût total de son programme à près de 84 millions de dollars américains répartis sur une période de deux ans (1988 et 1989).

Ces nouveaux fonds, provenant en grande partie de dons bilatéraux, ont servi au financement de plusieurs types de sous-projets. Le premier concerne les « initiatives communautaires ». Ces projets étaient conçus pour donner les moyens à certaines communautés-cibles d'identifier et de répondre à des besoins en terme d'infrastructures économiques et sociales. Dans cette perspective, on a prévu l'octroi de près de 5 millions de dollars répartis dans un total de 1000 villages pour répondre à leurs besoins spécifiques.

Le second domaine d'intervention du PAMSCAD vise la création d'emploi. Ces projets prévoient la création d'emplois productifs pour les chômeurs des villes et des campagnes à travers notamment des travaux publics ou des programmes de crédit aux petites entreprises. Ce type de projet comprend une utilisation extensive de la main-d'oeuvre lors de travaux de réfection des infrastructures routières par exemple ou, dans la région plus pauvre du nord, l'octroi de nourriture en échange du travail dans la réalisation de projets communautaires. On a aussi prévu certaines compensations, comme le soutien au placement et à la formation dans le but d'aider la réorientation des employés du secteur public récemment mis à pied.

Par ailleurs, les sous-projets qui étaient susceptibles d'aider le mieux les pauvres en particulier sont sans aucun doute ceux qui visent à répondre aux besoins essentiels *(basic needs)* à travers des interventions sur la santé, la nutrition et le logement (avec des projets concernant l'eau potable et la prévention sanitaire) et en favorisant l'accès à l'éducation des pauvres. Parmi ces projets, on retrouve la création de 2000 puits dans près de 1500 communautés rurales, un meilleur accès aux médicaments, la distribution de nourriture à près de 15000 « nécessitants » et des programmes d'amélioration de l'hygiène et de la nutrition à l'école primaire. Au niveau du secteur de l'éducation, le PAMSCAD visait un meilleur accès à l'éducation primaire pour les groupes les plus pauvres, dans le but de compenser les effets de l'impact négatif du programme de relance économique qui s'appuyait sur une réduction importante des subventions à l'éducation.

Il était prévu que les bénéfices attendus du PAMSCAD devaient se concentrer sur trois principaux groupes cibles identifiés comme étant les plus vulnérables aux retombées négatives du PRE. Le programme visait d'abord les ménages ruraux des régions du nord caractérisés par une faible productivité, un accès limité au revenu et aux services sociaux de base, et qui étaient particulièrement affectés par la famine et le chômage durant la saison maigre. Ensuite, le PAMSCAD devait aider les chômeurs des villes qui avaient particulièrement souffert d'une augmentation du prix des denrées essentielles. Enfin, le programme devait venir en aide aux travailleurs du secteur public dont la mise à pied était une conséquence directe du PRE.

Tableau 4.2 : Les grands groupes de pauvres au Ghana, en Côte-d'Ivoire et au Kenya

Pays	Répartition de la population %	Répartition des pauvres %	Grands groupes de pauvres	Principaux produits agricoles
Ghana				
citadins	32	37	Travailleurs du secteur informel.	
ruraux	68	63	Petits exploitants et ouvriers agricoles sans terre*	Cacao (X), denrées alimentaires
Côte-d'Ivoire				
citadins	41	14	Travailleurs du commerce et des services.	
ruraux	59	86	Petits exploitants*	Coton (X), cultures arbustives (X), riz
Kenya				
citadins	20	2		
ruraux	80	98	Pasteurs et petits exploitants*	Café (X), thé (X), maïs

Source : Food Aid Organisation (FAO) (1990). *Effets des programmes de stabilisation et d'ajustement structurel sur la sécurité alimentaire.* Étude FAO Développement économique et social no 89. Rome, p.30.

Note : Le principal groupe de pauvres est indiqué par le signe (*) et les produits d'exportation par le signe (X).

Le tableau 4.2 propose une stratification rurale-urbaine des pauvres au Ghana et dans deux autres pays de l'Afrique subsaharienne. Bien que l'identification des « groupes pauvres » demeure un objet de débat non résolu, à partir des données présentées dans ce tableau, on observe qu'en Côte-d'Ivoire, mais particulièrement au Kenya, une grande majorité de la population pauvre se trouve à l'extérieur des villes. On note par ailleurs qu'au Ghana, une forte proportion de la pauvreté est urbaine (37%). Cette situation explique peut-être pourquoi deux des trois groupes-cibles visés par le PAMSCAD concernaient principalement les habitants des villes (chômeurs des villes et travailleurs licenciés du secteur public). Il ne faut cependant pas oublier, comme l'illustre le tableau 4.2, que la majorité des pauvres (63%) est composée de petits exploitants et d'ouvriers agricoles sans terre qui ne profitent pas nécessairement d'une réorientation de la production agricole vers l'exportation, tel que le prétendent les analystes de la Banque mondiale par les programmes d'ajustement. Dans ces conditions, le PAMSCAD, qui visait la réduction des effets négatifs de l'ajustement, a-t-il appliqué une action conséquente et efficace dans l'atténuation des coûts sociaux et dans la lutte contre la pauvreté au Ghana ? Si oui, qui en a le plus profité ?

Tenir compte des dimensions sociales de l'ajustement sans remettre en cause les fondements de ces programmes

L'implantation des Dimensions sociales de l'ajustement a entretenu les attentes d'un renouvellement conceptuel de l'ajustement dans le but d'y intégrer la lutte contre la pauvreté comme objectif de premier ordre. Cependant, le PAMSCAD, loin de satisfaire aux revendications et aux attentes de la critique, dévoile de nouveau l'ampleur du débat qui existe entre la Banque mondiale et ceux qui dénoncent les coûts sociaux de l'ajustement.

De façon générale, les DSA sont reçues par la critique comme une faible mesure pour concilier l'ajustement structurel à la lutte contre la pauvreté. Certains auteurs restent cependant pragmatiques : « Bien que le projet des dimensions sociales de l'ajustement soit un moyen complètement insatisfaisant (et manquent peut-être de sérieux) de faire face à la pauvreté en Afrique, il est clair qu'il n'existe pas de stratégies alternatives faciles – du moins pour les bailleurs de fonds. » (Gibbon, 1992 : 220) Traduction libre.

En avril 1991, lors d'une réunion du *Inter-Agency Steering Committee*, la Banque mondiale était sur la défensive et est restée vague dans ses réponses aux principales critiques concernant les DSA. On reprochait, entre autres, la faible contribution financière de la Banque au projet. On déplorait aussi le peu de réalisations concrètes au-delà des ententes de principe. Le comité considérait de plus que les objectifs et les actions liés aux DSA avaient été peu intégrés à la stratégie globale de chacun des pays, et on notait enfin un manque d'attention sur la capacité locale d'implantation des projets. Tous ces éléments contribuent à diminuer la crédibilité des DSA et de leur impact attendu sur les pauvres.

En ce qui concerne le PAMSCAD, qui fait école au sein des Dimensions sociales de l'ajustement, il est possible d'identifier quatre principaux problèmes relatifs à son implantation et à son inefficacité (Hutchful, 1994a). Le premier relève de l'énorme délai qui a eu lieu avant que le programme puisse débuter normalement. Plusieurs raisons expliquent cette situation. Le grand nombre de bailleurs de fonds et la diversité et la complexité de leurs procédures de financement en est une. Le manque de personnel ghanéen qualifié et capable de concevoir des projets correspondants aux critères des bailleurs de fonds en est une autre[37]. Le financement des sous-projets est non seulement venu accroître le délai nécessaire à l'implantation du programme mais a porté un important préjudice aux communautés les plus pauvres. En effet, que ce soit pour la construction de puits, de latrines, de dispensaires ou d'écoles, de 40 à 60% du coût de construction devait être assumé par les propres ressources de la communauté. Cette situation a eu un effet prohibitif sur les groupes plus pauvres et moins organisés.

Un deuxième problème majeur du PAMSCAD dépend du nombre important de projets et du faible lien existant entre eux. Trop de ministères et d'organisations *(agencies)* ghanéennes ont participé à la mise en place de ces projets, menant à des problèmes de coordination, des conflits de juridiction et de

[37] Hutchful (1994a : 573) illustre cette situation par ce qu'il appelle un des pires exemples : « [...] les progrès dans la fabrication manuelle de latrines et les projets sanitaires peu coûteux qui auraient bénéficié directement aux pauvres ruraux ont été retenus indéfiniment parce que les Ghanéens ne satisfaisaient pas aux strictes règles de financement suisses, le principal bailleur de fonds avec 512 millions de cédis. Près de trois ans après le début prévu du PAMSCAD, aucun fond n'avait été reçu des Suisses et aucune indication ne laissait croire à leur financement prochain. » Traduction libre.

responsabilité qui ont aggravé les délais et réduit l'efficacité potentielle du programme. Les exemples d'incohérence ne manquent pas :

> Sans pouvoir l'expliquer, le groupe d'intervention dans le secteur social [*Social Sector Task Force*], qui avait à l'origine le mandat de superviser et l'autorité de résoudre les problèmes d'implantation, « s'est virtuellement dissout » avant même le début de l'implantation. Et malgré l'accent mis sur la décentralisation et le contrôle par la participation communautaire aux projets (incluant parfois la sélection de projets), ceux-ci étaient centralisés par la bureaucratie à Accra avec comme résultat que « les intervenants pressentis (les assemblés de districts) sont devenus des supporters ». (Hutchful, 1994a : 574). Traduction libre.

Le troisième problème relève de la conceptualisation et du manque important de motivation à tous les niveaux. Sur le plan de la conception, la fuite en avant vers les actions rapides et leur effet à court terme est venue réduire l'efficacité potentielle du programme. L'intérêt de rendre les projets « politiquement visibles » et la volonté d'appuyer par un rapide financement les projets communautaires ont vraisemblablement marginalisé les groupes les plus pauvres au profit des groupes mieux organisés et relativement autonomes financièrement.

Enfin, le problème majeur que l'on peut lier au PAMSCAD reste sans aucun doute son manque généralisé de crédibilité. D'un côté, les Ghanéens chargés de l'implantation du programme ne l'ont jamais vraiment pris au sérieux et, d'un autre côté, une partie importante de la population percevait le PAMSCAD comme une demi-mesure du gouvernement destinée principalement à l'acquisition de capital politique. Conséquemment, une grande attention fut portée aux projets touchant la « réinsertion » des travailleurs du secteur public ayant perdu leur emploi au cours de l'ajustement structurel. Nous avons exposé au tableau 4.2 que, malgré un fort pourcentage de citadins pauvres, la structure de la pauvreté au Ghana place la majorité d'entre eux en milieu rural. Or, la plupart des ressources ont profité aux « nouveaux pauvres » des villes dont l'influence politique est plus importante que les pauvres des campagnes[38].

Il est certain que l'inefficacité et la lourdeur des infrastructures bureaucratiques ghanéennes, qui devaient être sollicitées au minimum à l'origine, sont pour beaucoup dans les problèmes du PAMSCAD que nous venons d'évoquer. Il semble que dès le début, l'initiative du gouvernement ghanéen visait principalement à rendre l'ajustement structurel plus soutenable politiquement et que la Banque mondiale y ait trouvé son compte non seulement parce que le PAMSCAD était compatible avec les *a priori* conceptuels de son modèle[39] mais parce qu'il présentait une preuve tangible à la critique – particulièrement à l'UNICEF – que la lutte contre la pauvreté figurait bien parmi ses priorités.

---

[38] Il semble que les mesures de réinsertion, qui devaient à l'origine occuper 20% des ressources, ont reçu le plus gros de l'aide financière, cela de façon accélérée par rapport aux autres projets (Stewart, 1991).

[39] L'UNICEF qui collaborait à la mise sur pied depuis 1985 d'un programme d'aide aux pauvres du Ghana a très vite été marginalisée et son projet a été englobé par le PAMSCAD qui restait piloté par la Banque mondiale. Voici la position de l'UNICEF sur ce programme (Jolly, 1991 : 1820) : « [...] tel que son nom l'indique, le PAMSCAD n'a jamais visé à introduire quelque changement fondamental que ce soit au niveau des objectifs de l'ajustement structurel au Ghana. Il était plutôt un supplément pour mitiger les coûts sociaux d'un programme d'ajustement orthodoxe. Le fait que son implantation représentait trop peu trop tard à seulement ajouté à sa formulation déficiente. » Traduction libre.

CONCLUSION

ÉVOLUTION OU DÉPASSEMENT DE L'AJUSTEMENT STRUCTUREL : VERS UN NOUVEAU MODÈLE ?

Le PAMSCAD n'est qu'un exemple de mesures encouragées par la Banque mondiale pour « adoucir » les effets de l'ajustement sur les groupes plus vulnérables. Ce programme rend le cas du Ghana encore plus intéressant du point de vue de notre analyse puisque ce pays est non seulement cité en exemple par la Banque pour la réussite relative de son programme de relance économique mais « l'efficacité » de son initiative vis-à-vis des pauvres est aussi reconnue par l'institution comme un modèle. À cet effet, le PAMSCAD, comme l'ensemble de la démarche concernant les Dimensions sociales de l'ajustement, est identifié par la Banque comme un nouveau moyen de concilier les effets sociaux négatifs à court terme avec les effets bénéfiques anticipés pour les pauvres à long terme. Dans ces conditions, le PAMSCAD, comme les autres mesures que nous avons évoquées au troisième chapitre, a été utilisé pour encourager la « patience » de la population ghanéenne dans l'attente d'éventuels effets sociaux positifs des programmes d'ajustement structurel.

Tout au long de son implantation, le PAMSCAD est explicitement resté en marge du processus d'ajustement, confirmant ainsi notre hypothèse de départ qui faisait des réformes économiques néolibérales l'objectif prioritaire des interventions de la Banque. L'introduction des Dimensions sociales de l'ajustement à la fin des années 1980 semble être loin d'avoir débouché sur une nouvelle formulation de l'ajustement :

> Bien que la formulation et l'implantation du PAMSCAD étaient confuses, il est difficile d'échapper à la conclusion que des programmes comme celui-là ne sont pas fait pour être pris au sérieux. Une lecture attentive des « politiques de lutte contre la pauvreté » de la Banque laisse peu de place à l'optimisme. Ces

> prétendues politiques apparaissent après analyse comme un véritable écran de fumée. Les rapports de la Banque au sujet des DSA répètent inlassablement le même dogme – l'ajustement favorise la croissance qui favorise le recul de la pauvreté – suggérant que la Banque elle-même ne semble pas y voir de problème. (Hutchful, 1994a : 581) Traduction libre.

Si la Banque mondiale a graduellement introduit des objectifs de lutte contre la pauvreté à ses programmes d'ajustement structurel, ces objectifs restent largement vagues et généraux. Dans l'ensemble des programmes d'ajustement comportant des critères de lutte contre la pauvreté *(Poverty focused)*, les objectifs choisis ne sont pas nécessairement prioritaires aux autres objectifs du programme et leurs effets sur la pauvreté, basé sur le raisonnement de la Banque, restent ambigus.

Le problème fondamental repose dans la pérennité des *a priori* du modèle de la Banque mondiale. À la suite de plus d'une décennie de critiques, la Banque mondiale a finalement reconnu la nécessité de protéger les pauvres au cours du processus d'ajustement. Par ailleurs, rien ne nous indique que la Banque a réellement eu l'intention de transformer ses politiques économiques en fonction d'un objectif prioritaire de lutte contre la pauvreté tel que l'envisage la critique. Au contraire, l'élimination des subventions de nourriture, l'introduction de frais d'utilisation de plusieurs services sociaux (en particulier dans les secteurs de la santé et de l'éducation) et les politiques de libéralisation des prix sont toujours au centre des mesures privilégiées par la Banque dans ses programmes d'ajustement.

La reconnaissance plus ou moins explicite, par la Banque mondiale, que les mesures d'ajustement peuvent avoir un effet négatif *à court terme* sur les pauvres semble s'être traduite par une série de demi-mesures dont les objectifs à trop courte vue restent insuffisamment décisifs dans le recul de la pauvreté. Loin d'avoir changé les fondements de l'ajustement structurel et débouché sur une nouvelle conceptualisation de ses programmes, la Banque s'est appliquée à récupérer l'objectif de lutte contre la pauvreté pour soutenir la nécessité de ses réformes économiques et donner un nouvel élan aux programmes d'ajustement :

> Si l'on peut certes parler de continuité sur le plan du « modèle » néoclassique, quelque chose a cependant changé : la nécessité de mieux stabiliser socialement et de légitimer ce modèle. [...] l'introduction prolongée des mesures économiques a entraîné des conséquences telles, à la fois sociales et politiques, qu'il est devenu nécessaire de réagir à la nouvelle situation en stabilisant le modèle. En d'autres termes, plus la Banque mondiale prenait la responsabilité de mesures globales, plus elle s'exposait aux critiques qui s'élevaient contre les inégalités croissantes et le cadre répressif à l'intérieur duquel ces mesures devaient être introduites. (Campbell, 1998 : 10-11).

La période de 1980 à 1998, loin d'avoir assisté à un « dépassement » de l'ajustement structurel, a vu au mieux ces programmes absorber la critique sans fondamentalement répondre à ses préoccupations. Si l'évolution de l'ajustement ne pouvait se révéler plus convaincante dans son objectif de lutter contre la pauvreté, c'est que le modèle de développement de la Banque a non seulement peu changé mais s'est consolidé au cours de la décennie étudiée[40]. Les « piliers du modèle » sont restés les mêmes : la libéralisation de l'économie et son intégration au marché mondial avec les exportations en tête, la promotion des avantages comparatifs, la valorisation du secteur privé au détriment du secteur public sont autant d'éléments qui, appliqués de façon orthodoxe (au sens de la Banque), ont entraîné les pauvres à travers des conditions toujours plus précaires.

Cette situation est patente dans le cas du Ghana. Ce pays, longtemps identifié comme un modèle de réussite économique en Afrique subsaharienne, la Banque mondiale en parle aujourd'hui comme n'ayant pas encore « assez fait d'efforts » pour relancer la croissance de façon durable (Chhibber et Leechor, 1993) tout en l'utilisant comme la « preuve empirique » montrant que de bonnes politiques économiques font reculer la pauvreté (Demery et Squire, 1996). Il est certain que tant et aussi longtemps que la Banque continuera à comparer les pays d'Afrique subsaharienne aux nouveaux pays

---

[40] Comme le suggère Hutchful (1994b : 8), « Intellectuellement, la réponse à pris la forme d'une redéfinition de l'orthodoxie de façon à annexer les nouvelles sources critiques politiques et intellectuelles en tentant au même moment de maintenir l'essentiel des mesures d'ajustement. » Traduction libre.

industrialisés de l'Asie du sud-est – comme la Thaïlande, l'Indonésie et la Malaisie – les pays africains n'en feront jamais assez pour endosser le modèle néolibéral de la Banque. De ce côté, les crises financière, économique et sociale de 1997 ne semblent pas avoir permis la remise en cause du modèle de Bretton Woods. Il reste au gouvernement africains la double responsabilité de poursuivre des mesures d'ajustement économique orthodoxes tout en s'efforçant d'aider les pauvres sans créer de nouvelles « distorsions » dans l'économie. Nous avons démontré jusqu'à quel point cette situation est contradictoire et le succès mitigé du PAMSCAD n'en est qu'un exemple de plus.

À la fin des années 1980, les analystes de la Banque semblaient réellement se poser la question à savoir si les programmes d'ajustement étaient efficaces et durables tels qu'ils étaient conçus (World Bank, 1988a). On disait à l'époque qu'il était encore trop tôt pour confirmer définitivement le succès ou l'insuccès de tels programmes. À la fin des années 1990 cependant, avec la publication par la Banque mondiale de *L'ajustement en Afrique : réformes, résultats et chemin à parcourir* et le rapport sur le développement dans le monde publié en 1997 sur *l'État dans un monde en mutation*, il semble qu'on assiste à un « resserrement » conceptuel autour des *a priori* néolibéraux et de la nécessité de poursuivre des mesures d'ajustement orthodoxes. Suite à une décennie de critiques des coûts sociaux de l'ajustement, la Banque donne comme principale solution au problème de pauvreté en Afrique subsaharienne non seulement la poursuite des réformes déjà entreprises, mais un renforcement de celles-ci. Ce comportement donne l'impression à la critique que la Banque revient à la case départ, comme le suggère une des conclusions de Bonnie Campbell (1998 : 23) :

> Les incohérences et contradictions qui résultent de la tentative de réduire l'analyse des processus socio-politiques déterminés historiquement à une question de simples procédures de gestion qui serait universellement valable, soulèvent un problème de fond : l'impossibilité de gérer de l'extérieur les processus de réformes institutionnelles et l'importance que des débats aient lieu sur la scène internationale et au sein des pays concernés autour de la reconceptualisation de l'État et autour des fins sociales du

développement. L'absence de références aux positions plus critiques envers la position néolibérale de la Banque mondiale, malgré l'ampleur de la bibliographie dans le Rapport 1997, suggérerait que de tels débats ne semblent pas encouragés par les bailleurs de fonds multilatéraux.

Même si l'institution semble, depuis peu, vouloir se « réconcilier » avec elle-même en se réappropriant la démarche de Hollis Chenery qui reconnaît la nécessité d'une certaine forme de redistribution des fruits de la croissance économique, elle le fait tout en réaffirmant sa confiance dans la doctrine néolibérale, diminuant ainsi la crédibilité de sa démarche[41]. Après plus de quinze années de politiques d'ajustement aux effets mitigés, la Banque mondiale ne peut plus demander aux pauvres d'« attendre » que les effets bénéfiques de ces mesures leur soient profitables. Les critiques ont pourtant été claires tout au long des années 1980 et 1990 et continueront de l'être au lendemain de la publication du Rapport sur le développement dans le monde sur la pauvreté prévu pour l'an 2001. La Banque doit agir concrètement pour faire de la réalisation des besoins humains une priorité de développement au moins égale au rétablissement des équilibres macroéconomique et budgétaire. À cette fin, le *Rapport mondial sur le développement humain 1994* du PNUD a proposé un programme de « développement humain » prévoyant que 20% de l'aide et 20% des budgets des pays en développement soient réservés aux services sociaux de base. Le PNUD s'allie ainsi à l'UNESCO, à l'UNICEF, au FNUAP et à l'OMS pour lancer l'initiative 20-20. Le rapport de 1997 du PNUD, publié sous le thème de la pauvreté, va cependant plus loin. Il offre non seulement une démarche conceptuelle novatrice sur la perception même de la pauvreté, mais il présente une stratégie concrète d'amélioration des conditions de vie des pauvres basée sur une croissance « égalitaire ». Toutes

---

[41] Voir (1995) « Distribution and growth : Complements, not compromises ». *World Bank Policy Research Bulletin*, vol. 6, no 3, mai-juillet, p. 1-5 ; Pranab Bardhan (1996). « Research on Poverty and Development Twenty Years after *Redistribution with Growth* ». In *Annual World Bank Conference on Development Economics 1995*, sous la direction de Michael Bruno et Boris Pleskovic. Washington, D.C. : World Bank.

ces propositions s'inscrivent dans l'ordre mondial actuel. Elles devraient donc être considérées comme réalistes. Il demeure néanmoins qu'une solution durable passe par une redéfinition des relations économiques nationales et internationales qui exacerbent la concentration de la richesse.

Les idées ne manquent pas. Il est cependant nécessaire de sortir de la démarche conceptuelle monolithique qu'emploie la Banque mondiale qui tente de régler tous les problèmes des pays en développement indépendamment des particularités régionales, cela à l'aide d'un seul modèle théorique. Malgré l'expression galvaudée d'une « victoire historique du libéralisme », il demeure impératif que le débat puisse se poursuivre au sujet de l'économique politique du développement et de son impact sur la pauvreté. Cette fin de siècle place donc la critique devant un nouveau défi. Elle doit reconnaître que le discours de la Banque mondiale concernant la lutte contre la pauvreté a évolué au cours des années 1980 et 1990. Face aux actions envisagées par cette institution pour être conséquente à son discours, la critique se retrouve cependant devant un nouveau cul-de-sac. Non seulement la Banque n'a plus besoin de s'excuser, comme elle l'a fait au cours des années 1980, de ne pas avoir porté une attention suffisante au phénomène de pauvreté, mais elle prétend avoir aujourd'hui réussi à « accrocher » l'objectif de lutte contre la pauvreté aux programmes d'ajustement sans changer les fondements de son modèle. Les résultats sont bien entendu décevants, et si la Banque mondiale a réussi à contourner certaines critiques pour un court moment – critiques qui attendaient un changement important dans les analyses publiées par l'institution – celles-ci se voient imposer de plus belle un mandat de vigilance et de pragmatisme dans la dénonciation des coûts sociaux liés aux mesures d'ajustement économique.

À l'instar de Dom Helder Camara, nous croyons que l'objectif fondamental du développement est de « mettre l'homme debout », c'est-à-dire d'aider les plus pauvres à retrouver la dignité, la santé et la perspective d'une vie meilleure. Nous souhaitons que l'expérience et la critique des quinze dernières années incitera la Banque mondiale à vouloir réaliser cet objectif. Il est clair cependant que le modèle de développement de cette institution permet difficilement de faire des compromis et qu'un changement important dans les conditions de vie des pauvres doit nécessairement se réaliser à travers une réorientation des *a priori* du modèle qui inspirent les actions de la Banque mondiale en particulier et des bailleurs de fonds en général. L'ampleur du débat qui persiste entre la critique et l'institution laisse cependant prévoir que la majorité des pauvres vivant dans les pays en développement devront attendre encore longtemps avant de voir leur condition définitivement changée.

LISTE DES TABLEAUX ET FIGURES

Tableau Page

Figure

BIBLIOGRAPHIE SÉLECTIVE

Les critiques externes des coûts sociaux de l'ajustement structurel

Ouvrages

Bureau international du travail (BIT) (1990). *L'adaptation structurelle et les conséquences socio-économiques dans les zones rurales*. Commission consultative du développement rural, 11e session.

Campbell, Bonnie (1998). *« The Rules of the Game » ou la production de nouveaux cadres normatifs. À propos de « L'État dans un monde en mutation »*. Présenté dans le cadre du Séminaire sur le « comportement des ménages, dynamiques sociales et politiques publiques ». Abidjan, Côte-d'Ivoire, 11-14 novembre.

Chossudovsky, Michel (1998). *La Mondialisation de la pauvreté*. Montréal : Écosociété.

Cornia, Giovanni Andrea, Richard Jolly et Frances Stewart (1987). *L'Ajustement à visage humain : Protéger les groupes vulnérables et favoriser la croissance*. Paris : Publié pour l'UNICEF par les Éditions Économica.

Cornia, Giovanni Andrea et Gerald K. Helleiner (dir. pub.) (1994). *From Adjustment to Development in Africa*. Londres : Macmillan.

Food Aid Organisation (FAO) (1990). *Effets des programmes de stabilisation et d'ajustement structurel sur la sécurité alimentaire*. Étude FAO Développement économique et social no 89. Rome.

Gibbon, Peter (1995). « Towards a Political-Economy of the World Bank 1970-90 ». In *Between Liberalisation and Oppression : The Politics of Structural Adjustment in Africa*, sous la direction de Thandika Mkandawire et Adebayo Olukoshi, Dakar : CODESRIA, p. 116-155.

Hutchful, Eboe (1994b). *Adjustment in Africa and Fifty Years of the Bretton Woods Institutions : Change or Consolidation ?*. Présenté à la dixième conférence annuelle de la Canadian Association for the Study of International

Development. Calgary (Alta) : Université de Calgary, 12 juin.

L'Hériteau, Marie-France (1990). *Le Fonds Monétaire International et les pays du Tiers Monde*. Paris : Presses universitaires de France.

Loxley John (1986). *Debt and Disorder : External Financing for Development*. Boulder : Westview Press/North-South Institute.

Mihevc, John (1995). *The Market Tells Them So. The World Bank and Economic Fundamentalism in Africa*. Londres : Zed Press et Penang : Third World Network.

Morasse, Julie-Alice (1991). *Ajustement structurel et pauvreté en Afrique : Problématique et solutions préconisées*. Préparé dans le cadre des activités de la composante Stratégies et politiques alimentaires au Sahel de l'Université Laval. Série Dossiers no 21. Québec : Université Laval, octobre.

Osmont, Annik (1995). *La Banque mondiale et les villes : Du développement à l'ajustement*. Paris : Karthala.

Payer, Cheryl (1982). *The World Bank : A Critical Analysis*. New York : Monthly Review Press.

Programme des Nations Unies pour le développement (PNUD) (années diverses). *Rapport mondial sur le développement humain*. Paris : Publié pour le PNUD par les Éditions Économica.

Sarris, Alexander et Hadi Shams (1991). *Ghana under Structural Adjustment : The Impact on Agriculture and the Rural Poor*. New York : Publié pour le International Fund for Agricultural Development par New York University Press.

Solimano, Andrés (1997). *Social Inequality, the State and Values*. University of Michigan Press.

Thiombiano, Taladidia (1993). *L'inadaptation des programmes d'ajustement structurel à l'Afrique : cas de l'agriculture*. Préparé dans le cadre des activités de la composante Stratégies et politiques alimentaires au Sahel de l'Université Laval. Série Conférences no 35. Québec : Université Laval, septembre.

United Nations Conference on Trade and Development (UNCTAD) (1994). *The Effects on Poverty Alleviation of Structural Adjustment Programmes : Background note by the UNCTAD Secretariat*. Standing Committee on Poverty Alleviation. Second Session. Item 4 of the provisional agenda. Geneva, 24 juillet, UNCTAD/PA/8

Articles

Campbell, Bonnie et Trevor Parfitt (1995). « Virtual Adjustment : Whose Reality ? ». *Review of African Political Economy*, vol. 22, no 63, mars, p. 3-8.

Gibbon, Peter (1992). « The World Bank and African Poverty, 1973-91 ». *The Journal of Modern African Studies*, vol. 30, no 2, juin, p. 193-220.

Harrigan, Jane et Paul Mosley (1991). « Evaluating the Impact of World Bank Structural Adjustment Lending 1980-87 ». *The Journal of Development Studies*, vol. 27, no 3, avril, p. 63-94.

Hibou, Béatrice (1998). « Banque mondiale : les méfaits du catéchisme économique. L'exemple de l'Afrique subsaharienne ». *Esprit*, août-septembre, p. 98-140.

Hugon, Philippe (1989). « Incidences sociales des politiques d'ajustement ». *Revue Tiers Monde*, vol. 30, no 117, janvier-mars, p. 59-84.

-------- (1991). « Politiques d'ajustement et répartition des effets ». *Revue canadienne des études africaines*, vol. 25, no 1, p. 12-33.

Hutchful, Eboe (1994a). « "Smoke and Mirrors" : The World Bank's Social Dimensions of Adjustment (SDA) Programme ». *Review of African Political Economy*, no 62, p. 569-584.

Jolly, Richard (1991). « Adjustment with a Human Face : A UNICEF Record and Perspective on the 1980s ». *World Development*, vol. 19, no 12, p. 1807-1821.

L'Hériteau, Marie-France (1982). « Endettement et ajustement structurel : la nouvelle canonnière ». *Revue Tiers Monde*, vol. 23, no 91, juillet-septembre, p.517-548.

Loxley, John (1990). « Structural Adjustment in Africa : Reflections on Ghana and Zambia ». *Review of African Political Economy*, printemps, p. 8-27.

Lugalla, Joe L.P. (1995). « The Impact of Structural Adjustment Policies on Women's and Children's Health in

Tanzania ». *Review of African Political Economy*, vol. 22, no 63, mars, p. 43-53.
Parfitt, Trevor W. (1995). « Adjustment for Stabilisation or Growth ? Ghana and the Gambia ». *Review of African Political Economy*, vol. 22, no 63, mars, p. 55-72.
Ruccio, David F. (1991). « When Failure Becomes Sucess : Class and the Debate over Stabilization and Adjustment ». *World Development*, vol. 19, no 10, p. 1315-1334.
Sanford, Jonathan E. (1988a). « The World Bank and Poverty : The Plight of the World's Impoverished Is Still a Major Concern of the International Agency ». *The American Journal of Economics and Sociology*, vol. 47, no 3, juillet, p. 257-275.
-------- (1988b). « The World Bank and Poverty : A Review of the Evidence on Whether the Agency Has Diminished Emphasis on Aid to the Poor ». *The American Journal of Economics and Sociology*, vol. 48, no 2, avril, p. 151-164.
Sepehri, Ardeshir (1994). « Back to the Future ? A Critical Review of "Adjustment in Africa : Reforms, Results and the Road Ahead" ». *Review of African Political Economy*, no 62, p. 559-568.
Singer, Hans W. (1989). « The World Bank : Human Face or Facelift ? Some Comments in the Light of the World Bank's Annual Report ». *World Development*, vol. 17, no 8, août, p. 1313-1316.
Stein, Howard et Wayne Nafziger (1991). « Structural Adjustment, Human Needs, and the World Bank Agenda ». *The Journal of Modern African Studies*, vol. 29, no 1, mars, p. 173-189.
Stewart, Frances (1991). « The Many Faces of Adjustment ». *World Development*, vol. 19, no 12, p. 1847-1864.
Van Der Hoeven, Rolph (1991). « Adjustment with a Human Face : Still Relevant or Overtaken by Events ? ». *World Development*, vol. 19, no 12, p. 1835-1845.

Ajustement structurel, Banque mondiale et Fonds monétaire international

Documents traitant de l'ajustement structurel

Goldstein, Morris (1986). *The Global Effects of Fund-Supported Adjustment Programs.* Washington, D.C. : IMF, mars.

Guitián, Manuel (1981). « Conditionnalité du Fonds et processus d'ajustement international : l'environnement mouvant des années 1970 ». *Finances & développement*, mars, p.8-11.

IMF (1987). *Theoretical Aspects of the Design of Fund-Supported Adjustment Programs.* A Study by the Research Department of the International Monetary Fund. Washington, D.C., septembre.

-------- (1989). *Staff Studies for the World Economic Outlook.* Washington, D.C.

Killick, Tony et Mary Sutton (1982). « Desequilibria, Financing, and Adjustment in Developing Countries ». In *Adjustment and Financing in the Developing World : The Role of the International Monetary Fund*, sous la direction de Tony Killick, Washington, D.C. : IMF/ODI, p. 48-73.

Nicholas, Peter (1988). *The World Bank's Lending for Adjustment : An Interim Report.* World Bank Discussion Papers No.34. Washington, D.C. : World Bank.

World Bank (1984). *Ghana. Policies and Program for Adjustment.* A World Bank Country Study. Washington, D.C.

-------- (1988a). *Adjustment Lending : An Evaluation of Ten Years of Experience.* Policy and Research Series No.1. Washington, D.C.

-------- (1989). *Sub-Saharan Africa : From Crisis to Sustainable Growth : A long-term perspective study.* Washington, D.C.

La Banque mondiale et les dimensions sociales de l'ajustement

Documents

Banque mondiale (1994). *L'ajustement structurel en Afrique : Réformes, résultats et chemin à parcourir*. Washington, D.C.

Carvalho, S., P. Nicholas, R. Liebenthal, H. Ribe et E. Zuckerman (1990). *How Adjustment Programs Can Help the Poor : The World Bank's Experience*. World Bank Discussion Papers No.71. Washington, D.C. : World Bank.

Development Committee (1990). *Problems and Issues in Structural Adjustment*. Washington, D.C. : World Bank.

Ferroni, Marco et Ravi Kanbur (1990). *Poverty-Conscious Restructuring of Public Expenditure*. Social Dimension of Adjustment in Sub-Saharan Africa Working Paper No.9. Washington, D.C. : World Bank.

Fishlow, Albert (1996). « Inequality, Poverty and Growth : Where Do We Stand ? ». In *Annual World Bank Conference on Development Economics 1995*, sous la direction de Michael Bruno et Boris Pleskovic. Washington, D.C. : World Bank.

Government of Ghana (1987). *Programme of Actions to Mitigate the Social Costs of Adjustment*. Accra : Government of Ghana, novembre.

Grootaert, Christiaan et Timothy Marchant (1991). *The Social Dimensions of Adjustment Priority Survey : An Instrument for the Rapid Identification and Monitoring of Policy Target Groups*. Social Dimension of Adjustment in Sub-Saharan Africa Working Paper No.12. Washington, D.C. : World Bank.

Hazell, Peter et Steven Haggblade (1993). « Farm-Nonfarm Growth Linkages and the Welfare of the Poor ». In *Including the Poor*, Actes de colloque organisé par la Banque mondiale et la International Food Policy Research Institute, sous la direction de Michael Lipton et Jacques Van Der Gaag. Washington, D.C. : World Bank, p. 190-204.

Oti Boateng, E., Kodwo Ewusi, Ravi Kanbur et Andrew McKay (1988). *A Poverty Profile for Ghana, 1987-88*. Social Dimensions of Adjustment in Sub-Saharan Africa Working Paper no. 5. Washington, D.C. : World Bank.

Serageldin, Ismail (1989). *Pauvreté, ajustement et croissance en Afrique*. Washington, D.C. : Banque Mondiale.

World Bank (1984). *Ghana. Policies and Program for Adjustment*. A World Bank Country Study. Washington, D.C.

-------- (1987). *Protecting the Poor during the Period of Adjustment*. Washington, D.C.

-------- (1988b). *Targeted Programs for the Poor during Structural Adjustment*. Actes de colloque sur la pauvreté et l'ajustement. Washington, D.C., avril.

-------- (1990a). *World Development Report 1990*. Washington, D.C.

-------- (1990b). *Adjustment Lending Policies For Sustainable Growth*. Policy and Research Series No.14. Washington, D.C.

-------- (1990c). *The Social Dimensions of Adjustment in Africa : A Policy Agenda*. Washington, D.C.

-------- (1990d). *Structural Adjustment and Poverty : A Conceptual, Empirical, and Policy Framework*. Social Dimensions of Adjustment (SDA) Unit. Washington, D.C.

-------- (1991). *Assistance Strategies to Reduce Poverty*. World Bank Policy Paper. Washington, D.C.

-------- (1993). *Implementing the World Bank's Strategy to Reduce Poverty : Progress and Challenges*. Washington, D.C.

-------- (1994a). *Poverty and Structural Adjustment in the 1980s : Trends in Welfare Indicators in Latin America and Africa*. Préparé pour l'Office of Small, Micro and Informal Enterprise, Bureau for Private Enterprise, U.S. Agency on International Development. Bethesda, Maryland : DAI, septembre.

-------- (1994b). *The World Bank and the Poorest Countries : Support for Development in the 1990s*. Washington, D.C. : World Bank.

-------- (1996). *Poverty Reduction and the World Bank. Progress and Challenges in the 1990s*. Washington, D.C. : World Bank.

-------- (1997a). *Poverty Reduction and the World Bank. Progress in Fiscal 1996 and 1997*. Washington, D.C. : World Bank.

-------- (1997b). *World Development Report 1997. The State in a Changing World* . Washington, D.C. : World Bank.

Zuckerman, Elaine (1989). *Adjustment Programs and Social Welfare*. World Bank Discussion Papers No.44. Washington, D.C. : World Bank.

Articles

Addison, Tony et Lionel Demery (1987). « La lutte contre la pauvreté et l'ajustement structurel ». *Finance & Développement*, décembre, p. 41-43.

Beckmann, David (1986). « La Banque mondiale et la pauvreté dans les années 1980 ». *Finance & Développement*, septembre 1986, p. 26-29.

Chhibber, Ajay et Chad Leechor (1993). « Le Ghana à l'horizon 2000 et au-delà ». *Finances & Développement*, septembre, p. 24-27.

Demery, Lionel et Lyn Squire (1996). « Macroeconomic Adjustment and Poverty in Africa : An Emerging Picture ». *The World Bank Research Observer*, vol. 11, no 1, février, p. 39-59.

Heller, Peter (1989). « Fund-Supported Adjustment Programs and the Poor ». *The Path to Reform : Issues and Experiences*, mars, p. 9-12.

Huang, Yukon et Peter Nicholas (1987). « Les coûts sociaux de l'ajustement ». *Finance & Développement*, juin, p. 22-24.

Jensen, Lois (1990). « Making Tough Adjustments. Ghana Struggles to Reconstruct ». *World Development*, United Nations Development Programme, vol. 3, no 2, mars, p. 22-25.

Jones, Christine et Miguel A. Kiguel (1994). « L'Afrique en quête de prospérité : l'ajustement a-t-il eu des effets positifs ? ». *Finances & Développement*, juin, p. 2-5.

Lowe Morna, Colleen (1990). « Ghana. The Long Road Back From Despair ». *World Development*, United Nations Development Programme, vol. 3, no 1, janvier, p. 8-9.

Ribe, Helena et Soniya Carvalho (1990). « L'ajustement et les pauvres ». *Finance & Développement*, septembre, p. 15-17.
Serageldin, Ismail et Michel Noël (1990). « S'occuper des dimensions sociales de l'ajustement en Afrique ». *Finance & Développement*, septembre, p. 18-20.
Tseng, Wanda (1984). « Les effets de l'ajustement ». *Finance & Développement*, décembre, p. 2-5.
Walton, Michael (1990). « Lutte contre la pauvreté : expérience et perspectives d'avenir ». *Finance & Développement*, septembre, p. 2-5.

Autres documents

Banque africaine de développement (1995). *Rapport sur le développement en Afrique 1995*. Abidjan.
Beaud, Michel et Gilles Dostaler (1993). *La pensée économique depuis Keynes : Historique et dictionnaire des principaux auteurs*. Paris : Éditions du Seuil.
Bélanger, Sylvie (1992). *L'ajustement structurel ou restructurer pour la croissance*. Préparé dans le cadre du Groupe de recherche et d'étude sur les transformations sociales et économiques (GRÉTSÉ), no 8, Montréal : Université du Québec à Montréal, janvier.
Bourguignon, François et Christian Morrisson (1992). *Ajustement et équité dans les pays en développement : Une approche nouvelle*. Paris : OCDE.
Gilpin, Robert (1987). *The Political Economy of International Relations*. New Jersey : Princeton University Press.
Glewwe, Paul et Jacques Van Der Gaag (1990). « Identifying the Poor in Developing Countries : Do Different Definitions Matter ? ». *World Development*, vol. 18, no 6, p. 803-814.
McNamara, Robert S. (1973). *Discours devant le conseil des gouverneurs*. Nairobi, Kenya, Banque mondiale, 24 septembre.
Morris, Morris David (1979). *Measuring the Condition of the World's Poor : The Physical Quality of Life Index*. Pergamon Policy Study no 42. New York : Publié par Pergamon pour le Overseas Development Council.

Nelson, Joan M. (1990) *Economic Crisis and Policy Choice : The Politics of Adjustment in The Third World.* Princeton : Princeton University Press.

OCDE (1979). *Pourquoi des politiques d'ajustement positives ?.* Paris.

OCDE (1987). *Ajustement structurel et performances de l'économie.* Paris.

Prebish, Raùl (1950). *The Economic Development of Latin America and its Principal Problems.* New York : United Nations.

Raffinot, Marc (1991). *Dette extérieure et ajustement structurel.* Paris : EDICEF/AUPELF.

Ruggie, John Gerard (1982). « International Regimes, Transactions, and Change : Embedded liberalism in the postwar economic order ». *International Organizations*, vol. 36, no 2, printemps, p. 379-415.

Singer, Hans W. (1950) « The Redistribution of Gains Between Investing and Borrowing Countries ». *American Economic Review. Papers and Proceedings*, vol. 40, mai, p. 473-785.

Streeten, Paul *et al.* (1981). *First Things First : Meeting Basic Human Needs in Developing Countries.* New York : Publié pour la Banque mondiale par Oxford University Press.

Todaro, Michael P. (1989). *Economic Development in the Third World.* New York : Longman.

United Nations-ACC/SCN (1992). *Second Report on the World Nutrition Situation.* United Nations Administrative Committee on Coordination - Subcommittee on Nutrition, vol. 1, Genève.

Van Lennep, Emile (1984). « Interdépendance Nord-Sud et réformes économiques ». *L'Observateur de l'OCDE*, no 128, mai, p. 3-6.

www.ingramcontent.com/pod-product-compliance
Lightning Source LLC
LaVergne TN
LVHW021112300926
849160LV00009B/710